O ESPAÇO SAGRADO E O RELIGIOSO NA OBRA DE CLAUDIO PASTRO

Um estudo da produção arquitetônica e plástica de Claudio Pastro e da arquitetura religiosa católica brasileira no século XX

CÉSAR AUGUSTO SARTORELLI

O ESPAÇO SAGRADO E O RELIGIOSO NA OBRA DE CLAUDIO PASTRO

Um estudo da produção arquitetônica e plástica de Claudio Pastro e da arquitetura religiosa católica brasileira no século XX

Copyright © 2013 César Augusto Sartorelli

Grafia atualizada segundo o Acordo Ortográfico da Língua Portuguesa de 1990, que entrou em vigor no Brasil em 2009.

Publishers: Joana Monteleone/Haroldo Ceravolo Sereza/Roberto Cosso
Edição: Joana Monteleone
Editor assistente: Vitor Rodrigo Donofrio Arruda
Projeto gráfico, capa e diagramação: Gabriel Patez Silva
Assistente acadêmica: Danuza Vallim
Revisão: João Paulo Putini
Assistente de produção: Felipe Lima Bernardino

Imagem capa: Vitral da Igreja de Santa Marina (Vila Carrão, São Paulo - SP)
Fotógrafo: Wanderley Franco Júnior

Esta obra foi publicada com o apoio da Fapesp.

CIP-BRASIL. CATALOGAÇÃO NA PUBLICAÇÃO
SINDICATO NACIONAL DOS EDITORES DE LIVROS, RJ

S26e

Sartorelli, César Augusto
O ESPAÇO SAGRADO E O RELIGIOSO NA OBRA DE CLAUDIO PASTRO: UM
ESTUDO DA PRODUÇÃO ARQUITETÔNICA E PLÁSTICA DE CLAUDIO PASTRO
E DA ARQUITETURA RELIGIOSA CATÓLICA BRASILEIRA NO SÉCULO XX
César Augusto Sartorelli. - 1. ed.
São Paulo: Alameda, 2013
224 p.; il.; 21 cm

Inclui bibliografia
ISBN 978-85-7939-234-4

1. Pastro, Claudio, 1948- - Artes Plásticas - Brasil. 2. Arquitetura.
3. Arte sacra. 4. Igreja Católica. I. Título.

13-05463   CDD: 726
                    CDU: 726:27-523.6

ALAMEDA CASA EDITORIAL
Rua Treze de Maio, 353 – Bela Vista
CEP 01327-000 – São Paulo, SP
Tel. (11) 3012-2403
www.alamedaeditorial.com.br

Meu avô Bento, que sempre visitava
as igrejas pelo caminho;

Meu pai João, que me ensinou a
sonhar e partiu sem saber
desta dedicatória;

À minha prima Maria do Carmo
Breda Sartorelli, que renasça por
perto em breve;

Minha mãe, Emair, que me
ensinou as artes da disciplina;

Caio, pelo companheirismo e afeto
além das revisões de texto e vida;

Rosângela e Bidhu, pela amizade e
computadores;

Vicente, meu melhor amigo e
cúmplice no mestrado;

Aos meus guias e mentores na Academia:
Eduardo Rodrigues da Cruz
Frank Usarski
Silvio Sawaya

SUMÁRIO

Introdução 9

Capítulo 1. Elementos da biografia 15
de Claudio Pastro

Biografia comentada do artista 17

Claudio, de amador a profissional em arte sacra 22

Sua obra como artista plástico 30

Escrevendo sobre arte sacra e espaço litúrgico 31

Claudio Pastro como artista gráfico 37

Teologia do espaço: Claudio Pastro como 39
arquiteto vernacular

O projeto completo 43

Capítulo 2. O espaço sagrado e o religioso na obra de 45
Claudio Pastro

O Sagrado visto pela fenomenologia 48

As concepções de Claudio Pastro e 58
a Fenomenologia de Eliade

Romano Guardini, uma fonte transformada 66

Outras fontes sobre o sagrado na arte e arquitetura 82

Capítulo 3. Influências e fontes da obra de Claudio Pastro 93

O bizantino, o românico, o ícone bizantino 95

O ícone 99

Arquitetura românica e contemporânea: um casamento de idades diversas e elementos comuns 103

Arquitetos brasileiros: Oscar Niemeyer, Lina Bo Bardi, João Filgueiras Lima 110

Concílio Vaticano II 114

Capítulo 4. Nove obras relevantes 119

Conclusão 145

Referências bibliográficas 157

Bibliografia geral 165

Imagens 175

Apêndice – Cronologia de trabalhos 203

INTRODUÇÃO

Esta pesquisa teve seu início acidentalmente, quando tive o primeiro contato com a obra de Claudio, por ocasião da cerimônia e missa de formatura de minha mãe em Teologia na Catedral de São Miguel Paulista, bairro periférico da cidade de São Paulo. Nesta catedral causou-me forte impressão a ambientação interna do espaço, onde havia vários afrescos nas paredes, ilustrando cenas bíblicas, lembrando arte primitiva, *naif*, e ao mesmo tempo plenos de simbologia, em um traço contemporâneo. Eram de uma sofisticação que jamais imaginava encontrar numa igreja de periferia, que regra geral tem a usual decoração profusa, característica de nosso catolicismo popular, com muitos santos, imagens, cores vivas. Era uma estética que vinha de alguém com repertório elaborado nas artes visuais, assim como na concepção de sua inserção no espaço do edifício.

De outro lado minha mãe se formava em teologia, seu pai, meu avô, tinha por hábito entrar para ver todas as igrejas por onde passava em viagem. Tendo me formado em arquitetura, trabalhando com arte contemporânea e cultura, estudar a arte e arquitetura sacras católicas era um meio de juntar um passado religioso de herança materna com os conhecimentos acadêmicos e práticos pessoais.

Optei por Claudio Pastro pela sua produção quantitativa e qualitativa, que nenhum arquiteto contemporâneo ou moderno teve em arquitetura sacra. Porém, seu trabalho não é reconhecido na academia, por não ter cursado nenhuma escola formal de arquitetura e pela quase ausência de estudos aprofundados sobre arquitetura sacra e religiosa contemporânea dentro dos cursos regulares de graduação em arquitetura no Brasil. Isto se comprova pela não existência de livros que escreveu ou de teses sobre seu trabalho na maior biblioteca de arquitetura do Brasil, da Faculdade de Arquitetura e Urbanismo da Universidade de São Paulo, onde me formei.[1] Tendo em vista este desconhecimento de sua obra e de análises mais atualizadas sobre arte e arquitetura sacras no Brasil, considerei que poderia contribuir em resgatar e estudar seu trabalho, com os instrumentais como arquiteto e cientista da religião que adquiri.

Como método de trabalho, primeiro me utilizei de seus livros, onde expõe seus conceitos sobre arte e espaço sacros, e procurei suas fontes teóricas, através da fenomenologia da religião, por Mircea Eliade e Rudolf Otto, e da teologia da arte, por Romano Guardini. Outros autores que escreveram sobre arte e arquitetura sacra entraram como complemento e comparação, situando outros pontos de vista sobre o sagrado: fenomenólogos como Gerardus Van der Leeuw, pensadores como André Malraux, Madaleine Ochsé, artistas como Henry Matisse, e teóricos mais

---

1   Cópia da dissertação que deu origem a este livro e os livros de Claudio Pastro que utilizei para a sua realização foram doados à FAU-USP (Faculdade de Arquitetura e Urbanismo da Universidade de São Paulo) em 2010.

O ESPAÇO SAGRADO E O RELIGIOSO NA OBRA DE CLAUDIO PASTRO 13

contemporâneos como Diane Apostolos-Cappadona e o antropólogo Roy Rappaport. Me utilizei também de entrevistas, três com Claudio Pastro, e mais duas com arquitetos seus colaboradores: a Irmã Laíde Sonda e Ivanir Abreu. As entrevistas me serviram para esclarecer pontos que os seus textos não contemplavam e, no caso dos colaboradores, entender como sucedia seu trabalho prático e a influência que exercia nestes arquitetos, um de dentro da Igreja, Laíde Sonda, e outro de fora, Ivanir Abreu.

Em arquitetura, num sentido mais amplo, utilizei um referencial teórico sobre a arquitetura moderna e visitas a suas igrejas e capelas, sendo que em uma delas, a capela das Andrelinas, realizei visita e entrevista ao mesmo tempo.

Este livro se propõe a entender seus trabalhos como artista plástico, relacionados às concepções que expõe em sua obra escrita, em especial a noção de espaço sacro, numa visão de unidade entre arquitetura e arte que remete à "Arte Total" Gesamtkunstwerk,[2] presente no "projeto moderno" de arquitetura. Começo com sua vida e obra, depois trato das suas concepções que trazem uma diferenciação entre sacro e religioso, vistas pela fenomenologia, e posteriormente de suas influências na arte e arquitetura, encerrando com uma análise do projeto de algumas de suas capelas e igrejas.

No primeiro capítulo apresento uma biografia comentada e um resumo de sua trajetória como artista plástico, artista gráfico,

---

2   Gesamtkunstwerk, ou obra de arte total, é um termo da língua alemã atribuído ao compositor alemão Richard Wagner e refere-se ao ideal wagneriano de junção das artes – música, teatro, canto, dança e artes plásticas. "Para esta junção era necessário que cada uma destas artes se colocasse à mercê de uma ideia integradora, que transpasse a própria individualidade de cada arte" (PEREIRA, 1995, p. 7).

escritor e especialista em arte sacra e espaço litúrgico e como arquiteto vernacular.

No segundo será feita uma exposição comparativa dos textos teóricos de Pastro com a fenomenologia das religiões, aplicados ao espaço sagrado, por Rudolf Otto e Mircea Eliade, suas fontes teóricas dentro das ciências da religião, externas à Igreja Católica; e Romano Guardini, sua referência dentro do âmbito da Teologia, de dentro da Igreja Católica. Este estudo comparativo procura esclarecer os conceitos de sagrado e religioso por Pastro e suas fontes.

No terceiro trato de suas fontes e influências dentro do campo da arte e arquitetura, primeiramente da arte e arquitetura sacras do passado através do ícone bizantino e do estilo românico de construção, e num segundo momento mais contemporâneo do artista, ao final deste capítulo, através do Concílio Vaticano II e suas resoluções. No "intermezzo", o "projeto moderno" em arquitetura e os arquitetos brasileiros contemporâneos, por Pastro admirados e citados como influências, e considerações sobre a relação entre seu trabalho e os destes arquitetos.

No quarto capítulo analiso nove obras arquitetônicas, selecionadas por sua relevância em expor os resultados de suas reflexões sobre o sagrado e o religioso através da práxis. Na análise temos também outros elementos que serão tratados e que também caracterizam seu trabalho, citados no primeiro capítulo.

Na conclusão finalizo minha análise crítica procurando situar a pertinência do seu conceito de sagrado e religioso, em que medida ele contribuiu para a arte e arquitetura sacra do Brasil e sua influência. Também procuro entender se ele se sustenta como referencial teórico de maneira científica ou não, seus limites e que questões este livro suscita e deixa em aberto para posteriores reflexões.

Capítulo 1
Elementos da biografia de Claudio Pastro

A rte sacra por Claudio Pastro:

A arte sacra é objetiva, ela vem da essência do mistério da própria religião. A arte religiosa é devocional, é subjetiva; ela vem do freguês, que opta por esse ou aquele santinho; não tem nada a ver com o mistério do cristianismo.[1]

A forma nos revela a natureza das coisas (Odo Casel).[2]

Biografia comentada do artista

Para tentar uma aproximação de como se processou a gênese da concepção de espaço sagrado e religioso na obra de Claudio Pastro, optei por uma retrospectiva de sua vida e obra. Esta diferenciação

---

1 Entrevista à Revista Planeta, disponível em: <http://www.terra.com.br/planeta-web/350/materias/350_imagens_do_sagradohtm>. Acesso em: 12 jun. 2005.

2 Disponível em: <http://propedeuticoaju.blogspot.com.br/2011/05/o-zelo-por-tua-casa-me-consumira.html>. Odo Casel (1886-1948) é bastante conhecido pelos liturgistas. Nasceu em Cobienz Lützel em 1886. Foi monge beneditino, sacerdote, doutor em filosofia e em teologia, um teólogo bastante original. Disponível em: <http://www.presbiteros.com.br/site/misterio-da-cruz-e-contemplacao/>. Acesso em:11 maio 2012.

entre sagrado e religioso é um dos conceitos base do próprio artista, adquirido através do liturgista Romano Guardini, cujos conceitos serão expostos na segunda parte deste capítulo e detalhados no capítulo 2. Faço também cinco recortes: começo com sua formação e influências de uma maneira cronológica (detalhamento no capítulo 3), um segundo tratando de sua obra plástica e sua difusão por meio de exposições, em seguida sua atuação como escritor e especialista em arte sacra e espaço litúrgico. Dentro do campo das duas dimensões do trabalho gráfico teremos um quarto recorte, e por fim as três dimensões da arquitetura, através de reformas de igrejas e capelas e os projetos globais, que incluem o espaço construído, interiores e pintura.

Claudio Pastro nasceu em 16 de outubro de 1948 na cidade de São Paulo. Sua família é de fé católica, mas a grande influência religiosa que teve na infância e adolescência veio do contato com congregações religiosas, próximas à casa de seus pais em Perdizes.

O monaquismo beneditino, onde iniciou seu aprendizado religioso no convento das Irmãzinhas da Assunção,[3] é sua matriz de teologia estética. Nesse convento havia uma freira, a Madre Charles de Saint-Benoît (Colette Catta) que tinha um irmão também monge, Dominique Catta, que naquela época estava fundando o mosteiro de Keur Mossa, no Senegal. Pastro esteve nesse mosteiro em 1967, onde havia uma igreja com afrescos (datados de 1963), caracterizados por uma estética de releitura do primitivismo africano (figura 1 – Caderno de Imagens, p. 177). Eles são uma grande referência para a primeira fase do trabalho

---

3   Localizado no bairro do Tatuapé, onde Pastro residia com a família até 1969. O Convento foi fechado e atualmente é sede do Colégio Agostiniano Mendel.

O ESPAÇO SAGRADO E O RELIGIOSO NA OBRA DE CLAUDIO PASTRO 19

de Pastro, registrados em fotos e citados em comentários no seu primeiro livro sobre arte sacra e espaço sagrado.

Neste primeiro contato com o monaquismo beneditino, através da professora Colette Catta, Claudio Pastro foi introduzido numa escola em que a relação entre Arte e Liturgia tem como princípio, segundo suas próprias palavras, "o amor pelo essencial e pela sobriedade" (PASTRO, 2001: 16).

Este amor é característico sobremaneira de uma segunda fase de seu trabalho, mais estilizado, maduro, enquanto que no início, na sua apropriação do primitivo, sua obra pictórica é excessiva, não no sentido depreciativo do excesso, mas quantitativo na profusão de traços, figuras e no cromatismo.

Quando a Madre Colette Catta se transferiu para Recife, mantiveram o contato por correspondência. Pastro deu continuidade a seus estudos porque pretendia se tornar monge beneditino, com temporadas de estudo e permanência em Curitiba de 1966 a 1972.[4] Conheceu, nesse período, Dom Phillippe Leddet, prior do Mosteiro Beneditino, que se tornou seu orientador e lhe ministrou as primeiras aulas práticas e noções de arte e composição, conjuntamente com o pintor e monge francês Dom Gerárd Calvet.[5] Também aprendeu escultura em madeira com Dom Phillippe e Dom Plácido,[6] que eram adeptos de uma arte

---

4   Segundo depoimento de Pastro em entrevista no dia 6 de maio de 2012: "O aprendizado no Mosteiro se dá na prática do dia a dia e no contato com os mestres: só se aprende a nadar nadando".

5   Permanece no Brasil até 1972.

6   Dom Pedro Recroix fundou o Mosteiro de Curitiba no início dos anos 1960, onde permaneceu até sua transferência para Goiás Velho em 1985, onde ficou até falecer em 2009. Disponível em: <http://www.goiasnet.com/cultura/cul_report.php?IDP=8349>. Acesso em: 9 maio 2012.

arrojada, comprometida com a contemporaneidade, deixando de lado o mero copismo.

As monjas beneditinas de outro Mosteiro Beneditino de Curitiba (do Encontro),[7] Madre Chantal (suíça) e Irmã Anne Fracy (belga), lhe introduziram em outro elemento fundamental na sua obra plástica: o ícone bizantino. Foi na biblioteca desses mosteiros que Pastro teve acesso a revistas de Arte Sacra que traduziam a visão estética do Concílio Vaticano II: *Das Munster* (alemã), *L'Art d'Eglise* (belga) e *L'Art Sacré* (francesa).

Fez Ciências Sociais na PUC de 1968 a 1972. Esta formação é considerada por Pastro de pouca influência em seu trabalho, porque sua intenção sempre foi fazer Belas Artes, tanto que exercitava a pintura em casa, como compensação, porque, segundo depoimento em entrevista, "detestava o curso". Criou também uma certa ojeriza aos conteúdos de militância política implícitos na formação em Ciências Sociais. O viés crítico de seu pensamento foi, no entanto, elaborado durante este período.

Para pagar o curso atuou como professor em cursos pré-vestibulares, de madureza, e livres de cerâmica pela Prefeitura de São Paulo, contratado pela Regional de Itaquera, circulando por outras regionais. Esta atuação como professor permanecerá por toda a sua carreira e se refletirá na sua necessidade de, além da atividade de expressão criativa como artista, difundir didaticamente, através de livros e artigos, sua visão sobre arte e arquitetura sacra.

Pensando no aspecto didático de sua obra, Pastro se coloca dentro da tradição da *Biblia Pauperum*, a Bíblia dos Pobres. O termo *Biblia Pauperum* surge em meados do século XV, dentro de um momento de expansão do uso da técnica da gravura em

---

7   Mais informações sobre o mosteiro: http://www.mosteirodoencontro.org.br/.

madeira, a xilogravura, que faz surgir os "Livros Tabulários", feitos com grandes e didáticas imagens, de modo a difundir a mensagem do evangelho aos analfabetos, que constituíam a maioria da população na época. De pobre no sentido de elaboração tinha muito pouco, porque era rica em imagens. Era uma necessidade, visto que só monges e nobres liam em latim. Entre os "Livros Tabulários", o mais popular foi a *Biblia Pauperum*, com desenhos em parte atribuídos ao grande artista flamengo Van Eyck, que teve inúmeras edições, tornando-se referência iconográfica para os artistas sacros.

Estes livros ficavam abertos para os fiéis, as grandes páginas divididas em cenas. Alberto Mangel nos fala que,

> para os analfabetos, excluídos do reino da palavra sagrados escrita, ver os textos representados num livro de imagens que eles conseguiam reconhecer ou ler devia induzir um sentimento de compartilhar com os sábios e poderosos a presença material da palavra de Deus. (MANGEL, 1997: 47).

Já Umberto Eco acentua que "a *Biblia Pauperum* começa a submeter-se a uma condição que, séculos depois, alguém atribuiria aos modernos meios de massa: a adequação do gosto e da linguagem às capacidades receptivas da média" (ECO, 1987: 48).

É importante esclarecer que existe uma riqueza iconográfica na *Biblia Pauperum*, que não tem nenhuma conotação que possa remeter à corrente da Teologia da Libertação dentro da Igreja Católica, à qual Claudio Pastro não se filia nem simpatiza. Ao mesmo tempo, a Teologia da Libertação o leva a procurar plasticamente a iconografia primitiva afro-americana e pré-colombiana, para se aproximar dos analfabetos que formavam boa parte da população dos países latino-americanos. Na América de língua espanhola, este repertório visual pré-colombiano é parte de sua identidade. Essa iconografia é reelaborada e modernizada através do seu olhar formado nos preceitos da teologia da arte do monaquismo beneditino.

Claudio, de amador a profissional em arte sacra

Durante o período universitário, paralelamente ao trabalho como professor e artista plástico, ele iniciava suas primeiras exposições com venda. Sua primeira venda relevante, que cita como o "grande pontapé" na sua carreira artística, ocorreu com uma série de 10 trabalhos expostos na Regional do bairro do Belém, na Cidade de São Paulo, que foram comprados por um italiano em agosto de 1975. Em dezembro do mesmo ano ele recebeu os 10 trabalhos na forma de postais, publicados pela Cooperativa Culturale IV Mondo em Bolonha (Itália).

Seu trabalho foi, já de início, segundo seu depoimento em entrevista, muito imitado, e as vendas das imitações ocorriam principalmente na Feira da Praça da República, centro de divulgação e comércio de arte e artesanato marcante nos anos 1970. Em 1972, fez sua primeira viagem a Europa, onde tomou contato, segundo sua autobiografia, com outras influências: "Das igrejas românicas, recebi o despojamento das pedras... as basílicas bizantinas revelaram-me o esplendor da sabedoria do Espírito da vida... Porém, os impressionistas e expressionistas ofereceram-me uma nova luz, pureza de traços e cores, busca da essencialidade" (PASTRO, 2001: 16), que se associarão de maneira original na sua futura produção, como veremos no capítulo 3 com mais detalhes. Em 1973, fez um curso de cerâmica na L'Abbaye Notre Dame de Tournay (Montes Pirineus, França),[8] e outro, de arte românica, no Museu de Arte de Catalunha (Barcelona, Espanha),[9] cada qual com 3 meses de duração.

Em 1976, em Ímola, o Padre Francesco Ricci[10] se torna uma espécie de "marchand" de seu trabalho ao publicar reproduções de suas cerâmica pela Santerno Artes e depois promover exposições de seus trabalhos na Itália, Áustria, Alemanha, Suíça e França.

O contato com os padres operários[11] franceses Michel Cuenot e Jomar Vigneron puseram-no em contato com as origens do evangelho, apresentando-lhe os mestres da teologia oriental Pavel Evdokimov e Olivier Clément.[12] Através dos mesmos padres, ganhou um livro do escritor de ícones Egon Sendler,[13] jesuíta austríaco radicado em Paris que se dedica à Igreja Oriental, dando continuidade ao estudo introduzido pelas Monjas de Curitiba.

Na Itália conheceu também o fundador do Movimento Comunhão e Libertação, Padre Luigi Giussani, que defendia que

---

8   Mosteiro de origem dos monges beneditinos que fundaram o de Curitiba. Mais informações sobre o mosteiro: http://www.abbaye-tournay.com/.

9   Mais informações: http://www.mnac.cat/index.jsp?lan=001.

10   Ligado ao Movimento Comunhão e Liberdade. Mais informações: http://it.cathopedia.org/wiki/Francesco_Ricci.

11   A Missão Operária é um instituto de vida religiosa que tem peculiaridades próprias para atender a sua missão de evangelizar no mundo operário. Os padres estavam radicados na cidade industrial de Osasco quando houve esse contato (disponível em: <http://www.pime.org.br/mundoemissao/evangoperar.htm>. Acesso em: 03 maio 2012).

12   Sobre Pavel Evdokimov: http://lipaonline.org/writer/ae024.htm e Olivier Clément: http://www.telegraph.co.uk/news/obituaries/4642262/Olivier-Clment.html.

13   Nascido em 1923 e ainda vivo, católico, é um dos mais respeitados mestres em ícones ortodoxos. Disponível em: <http://www.atelier-st-andre.net/en/pages/presentation/father_sendler.html>. Acesso em: 03 maio 2012.

24 CÉSAR AUGUSTO SARTORELLI

"a fé é um fato cultural e histórico e não uma religiosidade subjetiva" (PASTRO, 2001: 17), ideia que será uma referência importante na construção do pensamento téorico de Pastro. Iniciado em 1950, o Movimento está hoje presente em mais de 70 países, com caráter ecumênico e de trabalho social.[14] Deu continuidade a esse contato quando do retorno ao Brasil, residindo (de 1976 a 1987) na casa da Pastoral Universitária, Casa Cultura e Fé, dirigida por estudantes ligados ao Movimento. Sua relação com o Movimento foi ambígua, tendo de um lado atração pelo pensamento teológico do Padre Luigi Giuassini, e por outro aversão aos aspectos políticos cotidianos, como o centralismo dos dirigentes da Casa Cultura. O ganho que lhe deu o Movimento, segundo depoimento de Pastro em entrevista, foi alertá-lo para os aspectos culturais da religião, despertando-o para a tradição artística sacra católica, num cenário de limitações de ação cultural característico do período ditatorial.

Em 1978, inicia suas atividades como professor de Arte Sacra, com um curso semestral no Centro Comunitário Lutherhaus (Bairro do Tremembé – São Paulo),[15] atividade que permanece até hoje, pelo fato de haver se tornado um especialista na área e pela carência de professores com seu conhecimento de teologia e arte no Brasil.

Entre 1978 e 1980, passou temporadas de estudo na Europa, onde cursou Pintura na Accademia di Belle Arti Lorenzo da Viterbo (Viterbo, Itália).[16] Ministrou, em 1979, no Instituto de

---

14 Sobre Padre Luigi Giussani ver: http://scritti.luigigiussani.org/main/index. aspx e sobre o Movimento e Comunhão e Libertação ver: http://clonlinebr.blogspot. com.br/p/o-que-e-cl.html.

15 http://www.luteranos.com.br/3024/quem.html.

16 http://www.abav.it/index.php?option=com_content&view=article&id=64& Itemid=91&lang=en.

Sociologia da Faculdade de Ciências Políticas da Universidade de Bolonha, o curso de Tradição e Folclore Brasileiro,[17] que deu origem a uma conferência sobre o mesmo tema nas Universidades de Piacenza, Católica de Roma e na Escola de Belas-Artes Beato Angélico em Milão. Nota-se aí como Claudio já estava a difundir a sua fonte iconográfica original, ligada aos aspectos da cultura popular brasileira, que remete às matizes culturais indígena e afro-brasileira. Também podemos observar como sua formação como sociólogo lhe abriu as portas da Universidade de Bolonha.

Ainda em 1979, conhece, em uma exposição coletiva da qual participava, na Galleria Casa do Brasil da Embaixada Brasileira em Roma,[18] o monge beneditino e arquiteto mexicano Gabriel Chavez de La Mora. Este era membro da Comissão Nacional de Arte Sacra do México, e se tornou sua grande influência profissional, seu mestre em Santo Anselmo (Roma), onde Claudio foi seu assistente no curso de Liturgia e Arte Sacra Beneditina entre 1986 e 1987. Com o arquiteto mexicano aprendeu sobre a "limpeza" espacial na arquitetura, característica da Arquitetura Moderna, e como se utilizar da iconografia das culturas dos povos pré-colombianos, através de uma releitura, que tem um grande exemplo no projeto da nova Basílica de Nossa Senhora de Guadalupe na Cidade do México[19] (figuras 2 e 3 – Caderno de Imagens, p. 177-178).

---

17 O curso tratava das influências indígena, africana e do catolicismo popular no período de formação do Brasil enquanto nação. Sobre o Instituto de Sociologia da Universidade de Bolonha ver: http://www.sociologia.unibo.it/Sociologia/Dipartimento/Chi+siamo/default.htm.

18 Renomeada posteriormente como Galeria Cândido Portinari: http://roma.itamraty.gov.br/it/galleria_candido_portinari.xml.

19 Para conhecer as obras de Gabriel Chavez de La Mora, ver: http://www.cuaad.udg.mx/egresados-gabriel-chavez-galeria.php.

Segundo depoimento de Pastro em entrevista, o arquiteto tinha uma grande capacidade de harmonizar o espaço e a liturgia (particularidade mais e melhor detalhado no capítulo 3).

De 1981 a 1984, foi coordenador e professor do curso de Estética e História da Arte nas Faculdades Salesianas de Lorena e Santo André (São Paulo). Paralelamente ao ensino, inicia seus primeiros trabalhos de intervenção direta no espaço litúrgico no Brasil, que se distribuiriam por mais de 350 capelas e igrejas,[20] que podem ser vistas em cronologia nos anexos.

Como os beneditinos são a sua matriz de aprendizado, reconhecem e acolhem o seu trabalho. No Brasil, temos Dom Martinho Michler (pioneiro do Concílio Vaticano II), que considerava sua "obra uma leitura de fé com a pureza do olhar de quem busca Deus," (PASTRO, 2001: 18). Em outro mosteiro beneditino feminino, o de Nossa Senhora da Paz,[21] em Itapecerica da Serra, recebeu noções mais atualizadas de teologia, liturgia e estética, por intermédio da abadessa Madre Doroteia Rondon Amarante, sua entusiasta, que lhe apresentou especialistas em espiritualidade e liturgia, mestres do Concílio Vaticano II como Romano Guardini, Odo Casel, Louis Bouyer.[22] Dentro da influência artística beneditina são relevantes também os monges artistas da Escola de Marialach e de Beuron,[23] que precederam

---

20 Número atualizado por depoimento de Pastro em 2012.

21 http://www.mosteironossasenhoradapaz.org.br/vida.htm.

22 http://www.adoremus.org/1109JHitchcock.html.

23 Surgida na segunda metade do século XIX no sul da Alemanha, a Escola de Beuron se caracterizava pela retomada de elementos das artes pré-renascença: egípcia, grega, romana, bizantina e cristã primitiva, geometrizados e compostos em murais nas paredes da Igreja. Mais sobre Beuron: http://en.goldenmap.com/Beuron_Art_School.

o Concílio na sua abordagem de renovação da arte e arquitetura sacras (figuras 4 e 5 – Caderno de Imagens, p. 178-179).

Romano Guardini, em especial, é a grande referência teórica de como desenvolve seu trabalho, tanto como pintor e escultor quanto como arquiteto, numa derivação por ele estabelecida de uma clara distinção entre arte de culto (ou sacra) e arte de devoção (ou religiosa), com a opção estrita pela primeira definição (ver capítulo 2).

No Encontro Internacional de Arte em Rimini (Itália, 1981), onde participou com obras expostas e comentando seu trabalho, conheceu o escultor milanês Nicolo Sebastio[24] (figuras 6 e 7 – Caderno de Imagens, p. 179-180). Passou a visitar seu ateliê, onde aprimorou seus conhecimentos formais de estética, como a visão de composição e técnicas de escultura.

Em 1981, completa seu último curso de formação no Liceu de Artes e Ofícios, o curso de análise estética de obras de arte. De 1983 a 1984, ministra curso de Arte Sacra (2 meses) em vários locais no Brasil e um no exterior, a saber Academia Suíça Brasileira, Liceu de Artes e Ofícios e Mosteiro de São Bento (São Paulo), Instituto Teológico e Seminário São José (Rio de Janeiro), Pontifícia Universidade Católica de Belo Horizonte (Belo Horizonte), Instituto Santa Escolástica (Sorocaba) e Universidade Católica de Assunção (Paraguai).

Em 1984, realiza seu primeiro projeto arquitetônico para a capela da Pontifícia Universidade Católica de Belo Horizonte. Em 1986, participa do Seminário Nacional de Arte Sacra

---

24 Nicola Sebastio faleceu em 2005 aos 91 anos. Mais informações: http://www.diesse-lombardia.it/imgdb/Nicola_Sebastio.pdf.

apresentando seu trabalho, com Gabriel Charles de La Mora, na Cidade do México.

É nos anos 1980 que estabelece uma intensa relação com o clero alemão, a convite das instituições Adveniat,[25] Missio[26] e Misereor.[27] Elizabeth Prégardier, uma das fundadoras da Adveniat, foi quem primeiro acolheu seu trabalho na Alemanha e o divulgou através de exposições. Ela também o apresentou aos mestres da arte sacra alemã, como Egino Weinert, Lioba Munz e o arquiteto da diocese de Essen, Heinz Dohmen (figuras 8 e 9 – Caderno de Imagens, p. 180).

As missionárias beneditinas de Tutzing (perto de Munique), unidas às franciscanas de Bonlanden, convidaram-no para realizar diversos trabalhos em suas casas, no Brasil e no exterior. Em 1989, ganhou o prêmio Missio na cidade de Aachen (fronteira com Holanda), com um calendário ilustrado para essa instituição. Coroando a acolhida de seu trabalho, foi convidado a realizar em 1995 os interiores da Capela da Ação Adveniat, em Essen.

Retoma em 1994 a docência com um curso de Arte Sacra na Unesp de Bauru (conjunto com a exposição de seus trabalhos),

---

25 Fundada em 1961, a Ação Adveniat da Conferência Episcopal da Alemanha tem por objetivo promover anualmente uma campanha em todas as igrejas católicas da Alemanha, durante o Advento, e realizar uma coleta, no dia do Natal, para levantar fundos destinados a ajudar a Igreja na América Latina a se desenvolver e a desempenhar melhor sua missão. (http://cnbb.org.br/site/articulistas/cardeal-odilo-pedro-scherer/7901-adveniat-50-anos-ajuda-missionaria-concreta).

26 Desde 1922, a Missio apoia a implantação das Missões Católicas em países pobres até que elas se tornem autossustentáveis. (http://www.missio.org.uk/mission/index.php).

27 Misereor é a obra episcopal da Igreja Católica da Alemanha para a cooperação ao desenvolvimento. Há mais de 50 anos, Misereor está comprometida com a luta contra a pobreza na África, Ásia e América Latina. (http://www.misereor.org/pt/about-us.html).

e, após outro intervalo, adota a partir de 1999 o formato de cursos curtos (de 1 semana) de Iconografia Cristã na Editora Loyola (São Paulo) e de Arte Sacra na Livraria Paulus (Cuiabá).

Sua última atividade didática foi a participação, durante um fim de semana, num módulo denominado Teologia do Espaço, no primeiro curso de especialização em Arte Sacra e Espaço Litúrgico promovido pela UniFAI Centro Universitário Assunção, Unidade Ipiranga, organizado pela Pontifícia Faculdade de Teologia Nossa Senhora da Assunção e pela CNBB, sob coordenação de irmã Laíde Sonda,[28] arquiteta responsável pelo setor de Arte Sacra da CNBB.

Este curso é um marco dentro da história do espaço litúrgico no Brasil, por ser o primeiro organizado por especialistas em Liturgia associada a Arquitetura e Arte, com formação acadêmica na área. O Brasil atualmente conta, entre as pessoas com essa dupla formação e trabalhos relevantes, com a arquiteta Regina Céli de Albuquerque Machado, formada pela Universidade de Santa Úrsula (Rio de Janeiro, Brasil) e teóloga pelo Instituto Lúmen Vitae (Bruxelas, Bélgica), e com a Irmã Laíde Sonda, arquiteta pela Universidade Mackenzie (São Paulo, Brasil).

Ambas trabalharam com Claudio Pastro e nota-se a influência dele nas suas obras, que trataremos mais detalhadamente ao falar de seu trabalho dentro da Teologia do Espaço.

---

28 Laíde Sonda e Claudio Pastro se conheceram quando frequentavam cursos de arte sacra ne Escola Beato Angelico de Milão em 1982 (30). Trabalharam juntos na construção do Santuário da Vida, para a Rede Vida de Televisão (1999-2000), um de seus projetos prediletos. Sobre a escola ver: http://www.scuolabeatoangelico.it/.

CÉSAR AUGUSTO SARTORELLI

Sua obra como artista plástico

Realizou nove exposições no Brasil e 21 no exterior, em sua maioria na Europa, onde até hoje itineram pela Alemanha, patrocinadas e organizadas sobre o acervo de 49 obras suas adquirido em 1987 pela Associação Adveniat. Sua produção é em grande parte de pinturas e afrescos, ficando a escultura e os objetos litúrgicos num segundo plano.

As exposições se iniciam em 1975 pela PUC de São Paulo e se encerram em 1999, na Galeria Korn Haus de Weingarten (Alemanha).[29] Elas param de acontecer por motivo de seu intenso trabalho como arquiteto, reformando e construindo capelas e igrejas, o que demanda maior tempo, e num segundo momento em virtude da hepatite C que se manifestou em 2001, logo após o lançamento de seu último livro, doença que o levou a um transplante de fígado em 2003, o que não o tem impedido de continuar trabalhando no Brasil. A obra plástica de Claudio Pastro teve inicialmente uma receptividade muito maior fora do Brasil, e ganhou em 1980 o Prêmio Aquisição pelo Mosteiro Beneditino de Rixensart (Bélgica), no Concurso Internacional para Artistas Contemporâneos sobre o tema esculturas e/ou pinturas representando São Bento. Este evento fez parte das comemorações de 1500 anos de nascimento de São Bento.

A receptividade de seu trabalho na Europa pode ser atribuída à sua capacidade em dar continuidade a uma tradição europeia de aprendizado de arte sacra, com um repertório iconográfico tipicamente latino-americano, levando este elemento

---

29 http://www.weingarten-online.de/servlet/PB/menu/1234425_l1/index.html.

renovador, e por que não dizer exótico, para o circuito de arte sacra europeu.

Escrevendo sobre arte sacra e espaço litúrgico

Para documentar seu trabalho e divulgar sua visão sobre arte sacra e espaço litúrgico, Claudio Pastro escreveu 3 artigos e publicou nove livros.

A primeira manifestação sua foi o artigo intitulado "As coisas novas têm raízes antigas", que trata do espaço sagrado e celebrações cristãs, para a *Revista de Liturgia* n° 72, de dezembro de 1985, editada pela Irmãs Pias Discípulas do Divino Mestre, no mesmo ano em que ministrou um curso de Arte Sacra para a irmandade. Esta congregação, fundada pelo padre Tiago Alberione em 1924, se tornará uma das suas grandes clientes e divulgadoras. Aprovada definitivamente pelo Vaticano em 1960, coloca da seguinte maneira suas atribuições:

> atuamos na formação litúrgica, através de cursos, retiros e colocamos a serviço das celebrações as várias formas de arte: pintura, escultura, arquitetura, música, confecção de paramentos...[30]

A Congregação também comercializa em sua rede de lojas objetos litúrgicos e arte sacra. Em 1988, na Alemanha, ilustra o livro *A Virgem de Guadalupe*, pelas editoras Bonifatus, de Fulda, e Thomas Plöger, de Paderborn, publicado em espanhol com o título *El mensaje de Guadalupe*, pela editora Verbo Divino de

---

30 Conforme site oficial, http://www.apostoladoliturgico.com.br/pddmnobrasil.php. Acesso em: 12 maio 2012.

Navarra (Espanha), e depois pela editora Loyola, em São Paulo, no mesmo ano, com o título *Nikan Mopohua: a Virgem de Guadalupe* (figura 10 – Caderno de Imagens, p. 181). Estas ilustrações trazem uma releitura iconográfica da pintura dos povos astecas e maias, marcantes da primeira fase de seu trabalho. O livro foi escrito originalmente em Nuatle, linguagem dos povos astecas, transcrito para o alfabeto ocidental.

Documenta seu painel A *Evangelização no Brasil* em 1990 com o livro *Arte em Itaici* pela editora Loyola, e tem documentada a participação no restauro e reforma da igreja San Pietro al Monte em Urbania (Itália) em 1991, com o livro *Monte San Pietro: Memorie storiche e notizie sugli ultimi vent'anni*, de Raimondo Rossi e Gaetano Fermani, editado por este último. Nesta igreja se encontram os afrescos de Claudio Pastro *Cântico Italiano* (figura 11 – Caderno de Imagens, p. 182), quatro símbolos dos evangelistas (boi, águia, anjo e leão) na forma de "óculos"[31] e *Madonna col Bambino*. Além dos afrescos, fez uma escultura em cobre de um Cristo Ascensional.

O seu primeiro livro, no qual teoriza sobre arte sacra e espaço litúrgico, é lançado em 1993 com o título *Arte sacra: o espaço sagrado hoje*, pela editora Loyola. Numa abordagem apologética cristã, porém, ele defende que a verdadeira arte sacra é universal, e situa uma tradição de arte sacra dentro de uma narrativa histórica que se inicia no Egito. Ele didaticamente vai explanando seus pontos de vista partindo da imagem, do simbólico, do sentido do sagrado, a relação do homem com a imagem e o sagrado, para só depois tratar da iconografia cristã desde seus primórdios,

---

31 *Óculo* designa um elemento de arquitetura, sendo uma abertura na fachada ou no interior que pode ser redonda ou de outras formas.

a representação de Cristo, da cruz, da Mãe de Deus, o ícone, o presépio, finalizando na gênese do lugar de culto cristão: o altar. Depois trata da história do espaço arquitetônico de culto até as suas manifestações contemporâneas. O livro é profusamente ilustrado em preto e branco, com comentários, e termina com fotos de seus próprios projetos executados e de arquitetos que o influenciaram e são por ele admirados, no que se refere ao trato formal dado por eles ao espaço litúrgico. Pode ser considerado um livro pioneiro no Brasil, dentro da abordagem contemporânea de arte sacra e arquitetura sacra cristã, pela sua abrangência e originalidade ao tratar de arte e arquitetura contemporâneas associadas a uma visão litúrgica católica.

Em 1999, lança pela Editora Paulinas livro documentando a exposição de Weingarten (Alemanha), com 42 ilustrações sobre as parábolas do Evangelho, reproduzidas dos estudos para os originais gravados em placas de aço pela editora Plöger de Frankfurt (Alemanha). Lança também neste ano outro livro, *Guia do espaço sagrado*, sobre sua teoria e prática em arte sacra e espaço litúrgico, com destaque especial para a arquitetura, também fartamente ilustrado em preto e branco. O livro é extremamente didático, feito para leigos na linguagem interna da Igreja Católica, explicando detalhadamente o que é a liturgia cristã católica, sua história, a história da Igreja e do projeto de igrejas, os espaços que a compõem, as primeiras igrejas no Brasil, finalizando com exemplos de santuários, capelas e igrejas "bem construídos", segundo as ideias do autor (ver capítulo 3).

Alguns exemplos do "bem construído" por Claudio Pastro:

1. pioneiros como o arquiteto Rudolf Scharwz, que constrói em 1928 a sala dos cavaleiros do castelo de

Rothenfels-Main, onde com a colaboração de Romano Guardini se construiu "um espaço "puro", despojado de decoração, tendo por móveis apenas bancos pequenos (figura 12 – Caderno de Imagens, p. 183);

2. Presbitério do Mosteiro de Keur Mossa, no Senegal, de 1963. Na legenda ele cita: "Atrás do altar há um bonito afresco com detalhes da participação da Virgem no Mistério da Salvação. Pintura inculturada e Biblia Pauperum. Nada de pieguices devocionais" (figura 1 – Caderno de Imagens, p. 177);

3. Capela do Rosário em Vence, França, realizada por Henri Matisse e inaugurada em 1951 (figura 13 – Caderno de Imagens, p. 183);

4. Capela de Ronchamp de Le Corbusier de 1955 (figura 14 – Caderno de Imagens, p. 184);

5. Catedral de Brasília de 1963 de Oscar Niemeyer (figura 15 – Caderno de Imagens, p. 184).

Estas duas últimas obras estão legendadas como: "Duas excelentes soluções plásticas com o concreto muito de moda nos anos 50. A capela de Le Corbusier tem um mistério no interior e o exterior é quase cópia das casas do campo francês". A catedral de Niemeyer "é um acontecimento plástico trazendo muita luz ao interior" (PASTRO, 1993: 285). Nestas quatro obras podemos encontrar os elementos que farão parte de seu repertório e serão mais detalhadas no capítulo 3: os arquitetos e artistas modernistas que o influenciaram, o primitivo e sua releitura, a espacialidade construída em torno da renovação litúrgica do Concílio Vaticano

II e seus antecessores nesta postura e a integração com a cultura do local em que as obras são realizadas.

Há um apêndice final longo que esclarece todos os termos relativos ao espaço, paramentos e objetos envolvidos numa igreja, numa visão "moderna" que procura a "arte total", onde o artista domina do desenho do traje do padre aos objetos e ao espaço dentro de uma coerência de linguagem. Trata do gestual e movimentos por ocasião da celebração da missa, que devem sempre ser observados dentro dos princípios de projeto para não serem prejudicados. Finaliza com desenhos de projetos seus já executados, tendo como o último um dos altares da Basílica de Aparecida do Norte. A ênfase na arquitetura é característica do envolvimento cada vez maior com o projeto "total", e não só com a mera decoração ou pintura dos espaços internos, que se desenvolveu entre seu primeiro e segundo livro durante dez anos.

Em maio de 1999, publica na revista *Família Cristã* artigo sobre a imagem de Cristo na iconografia cristã e em janeiro de 2000 sobre a Trindade na arte. Em 2001, publica pela editora Paulinas *Claudio Pastro – Arte Sacra*, livro em quadricromia onde realiza uma espécie de levantamento de sua obra, muito bem fotografado, sem seguir uma ordem cronológica de apresentação de seus trabalhos, compensado por uma cronologia de todas as suas realizações ao final.

Depois de 2005, data da defesa desta dissertação de mestrado, publicou mais três livros. O primeiro em 2008, denominado *Deus da Beleza, a educação através da beleza*. Com uma segunda edição em 2010, é um resumo do livro *Guia do espaço sagrado* (1999), com suas obras mais recentes e edição bem cuidada em cores e papel couchê, mas com poucas ilustrações, se atendo mais ao texto escrito de maneira mais poética.

Em 2009, é publicado na Alemanha, pela Ação Episcopal Adveniat, livro sobre a história do projeto de interiores da capela na sede da Adveniat em Essen, em português, com fartas ilustrações em cores e legendas em inglês, espanhol, alemão e português. Denominado *Fluxo da vida: a capela da Adveniat em Essen projetada por Claúdio Pastro*, não é de sua autoria, mas traz uma análise detalhada por especialistas da simbologia do painel que realizou para a capela, que a define espacialmente, e de seu novo acabamento interior, realizado em 2007, com a orientação e presença de Pastro na sua inauguração. Também traz fotos de seu grande trabalho em andamento, de finalização do interior da Basílica de Aparecida.

Por fim, lançou, em 2010, *A arte no cristianismo*, pela editora Paulus, uma reedição do livro *Arte sacra: o espaço sagrado hoje* (de 1993), ampliando o número, a qualidade e a dimensão das imagens e de projetos e trabalhos de sua autoria, assim como de projetos de outros arquitetos e artistas que admira.

Em 2010 publicou A arte no cristianismo, pela editora Paulus, uma reedição do livro Arte sacra: o espaço sagrado hoje (de 1993), ampliando o número, a qualidade e a dimensão das imagens e de projetos e trabalhos de sua autoria, assim como de projetos de outros arquitetos e artistas que admira. Por fim, em 2013, publicou dois livros; um primeiro documentando seus trabalhos realizados nos últimos dez anos, pela editora Loyola, denominado Imagens do Invisível – na arte sacra de Claudio Pastro, e um último pela editora Santuário, denominado Aparecida, com fotografias da Basílica de Aparecida realizadas por Fábio Colombini.

Claudio Pastro como artista gráfico

Os trabalhos como artista gráfico e plástico realizaram-se paralelamente, de modo a complementar sua renda e servindo como divulgação de seu repertório iconográfico.

O trabalho gráfico iniciou-se em 1975, conforme já dito, com a publicação de postais e pôsteres pela Cooperativa Culturale IV Mondo em Bolonha, Itália, e finalizou-se, pelos registros bibliográficos de que disponho, com o cartaz "Brasil, 500 anos de Fé", criado para as comemorações de 500 anos de presença portuguesa no Brasil pela CNBB em 1999. Expandiu-se em quantidade a partir dos anos 1980. Em 1988, destacaram-se as ilustrações para o livro *A Virgem de Guadalupe* (figura 10 – Caderno de Imagens, p. 181), pelas editoras Bonifatus, de Fulda, e Thomas Plöger, de Paderborn (Alemanha). Essas ilustrações manifestavam sua proposta, já amadurecida na pintura, da expressão de um repertório iconográfico referenciado nas tradições artísticas ameríndia e afro-latinos da América Latina.

Na razão direta de sua estilização posterior pictórica, em que o traço derivado do ícone bizantino se sobrepõe aos elementos originais de figuração (ameríndios e afro-latinos), ele acaba por realizar, por encomenda do Vaticano, a imagem do *Cristo Evangelizador do III Milênio*, em 1998. Neste trabalho, observamos uma releitura do padrão *Cristo Pantocrator* (figuras 16 e 17 – Caderno de Imagens, p. 185). Esta representação da figura do Cristo, que carrega o Evangelho com a mão esquerda e abençoa com a direita, foi a mais frequente até o século XV. Anteriormente, com a separação das Igrejas do Oriente e do Ocidente, a Igreja Ortodoxa permaneceu utilizando esta representação, enquanto que a Igreja Católica de Roma foi pouco a pouco deixando de usá-la. Esta última desenvolveu uma paulatina humanização e realismo (a partir do Renascimento) da representação da imagem de Cristo; após as renovações litúrgicas do século XX (ver capítulo 3), o Cristo Pantocrator voltou a ser utilizado por ela. O que é exemplar da trajetória da evolução do trabalho de Claudio Pastro é uma economia de traços no desenho do *Cristo Evangelizador do III Milênio* (em comparação ao desenho-padrão do Cristo Pantocrator), em que Pastro traz um olhar contemporâneo estilizado, sem se distanciar das regras da iconografia, como, por exemplo, o não realismo e a ausência de relevo (mais detalhes sobre o ícone bizantino e sua influência na obra de Claudio Pastro no capítulo 3).

Uma característica que auxiliou a divulgação de sua obra por meio das artes gráficas é o fato de que a sua forma de executar a releitura dos repertórios primitivo ameríndio, afro-latino e do ícone bizantino facilitou a transposição desses repertórios, por meio dos seus trabalhos de desenho e pintura, não perspectivados e marcados pela ênfase na bidimensionalidade, para reproduções gráficas sobre materiais de superfícies planas, sem perda de qualidade pictórica.

Essa mesma "personalidade gráfica" de seu trabalho, que será comentada posteriormente, se traduz no uso de afrescos e painéis nos seus projetos e intervenções, enquanto arquiteto de interiores e exteriores, para igrejas e capelas.

O detalhamento da cronologia de seus trabalhos gráficos se encontra no apêndice anexo.

Teologia do espaço: Claudio Pastro como arquiteto vernacular

Tratarei sua obra com olhar arquitetônico, partindo de uma abordagem específica da atividade de projeto. Dentro das abordagens teóricas do projeto espacial, o espaço pode ser tratado de maneira bi ou tridimensional, assim como o projeto de um objeto pode se relacionar com o projeto de um edifício, através de princípios de desenho comuns que os norteiam.

Arte sacra é sobretudo arte e arquitetura sacra é sobretudo arquitetura; assim, para entender os interstícios entre as duas áreas de criatividade humana, devemos entender como elas se desenvolveram historicamente. Ambas, arte e arquitetura, são apenas partes independentes do conjunto das "Belas Artes" na tradição italiana de estudo e ensino de arte e arquitetura. Já no século XIX, primeiramente com o pré-rafaelismo derivado das ideias de John Ruskin[32] e depois com a abordagem das "artes aplicadas" de William Morris, começam a ser entendidas como artes casadas interdependentes. Até então, a arquitetura servia de base e a arte era sobreposta, dentro do estilo de época e nos espaços designados pelo arquiteto, que até o Renascimento era praticamente anônimo. Com William Morris, as artes ditas menores são elevadas a um status de interdependência com a arquitetura, onde uma altera o resultado da outra.

O "projeto moderno" da primeira metade do século XX deu continuidade a essa interdependência, ao procurar o estabelecimento de

---

32 O pensador romântico inglês John Ruskin preconizava um retorno à arte medieval, para antes do Renascimento, com o artista Rafael di Sanzio como artista exemplar, de onde o termo pré-rafaelismo.

novos paradigmas que rompessem com a tradição pré-industrial, na reconstrução utópica do mundo (Bauhaus), onde artes plásticas, desenho, arquitetura, design, planejamento estariam unificados para a construção de uma sociedade contemporânea mais justa.

O resultado é a procura dessa integração dentro dos projetos de edifício realizados pelos arquitetos de renome do movimento moderno, onde as peças e os elementos reproduzíveis em série, a concepção espacial, o mobiliário e as pinturas e esculturas que nesses mesmos projetos estivessem inseridas tivessem uma unidade. Estamos aqui tratando da Gesamtkunstwerk.[33] Esta abordagem é importante, porque Claudio Pastro iniciou sua trajetória somente com a pintura sacra, e depois passou a ser "diretor de arte" de projetos e concepções espaciais, realizadas com a colaboração de outros arquitetos.

Cabe esclarecer que ele utilizou-se sobremaneira de arquitetos colaboradores para concretizar o desenho por ele concebido, e para tecnicamente obter a aprovação de plantas em prefeituras, porque legalmente não tem a habilitação rque o autorize a assinar como profissional responsável; ele traz a influência do "projeto moderno" de arquitetura, ao mesmo tempo em que é contemporâneo da passagem da pintura bidimensional para a tridimensional na expressão das artes plásticas, assim como a crítica da modernidade e a polêmica gênese de uma suposta pós-modernidade. Quando ele inicia seu trabalho em igrejas e capelas, concentra-se no presbitério e nos elementos-chave que o compõem: o altar, o ambão (apoio para o evangelho de onde se prega), a cruz processional, o tabernáculo, e em executar um afresco ou painel principal do edifício de fundo.

---

33   Obra de arte total, ver nota de rodapé 2, neste capítulo.

Este início de trabalho é muito mais a atuação de um arquiteto de interiores, no sentido de readequar o espaço sacro aos princípios do Concílio Vaticano II e sua renovação litúrgica. Muitas vezes é só o painel principal, feito dentro de sua leitura destas normas litúrgicas (mais detalhes sobre renovações litúrgicas no capítulo 3).

Considero estas primeiras intervenções também como arquitetura, porque são fortes interferências espaciais, apesar da bidimensionalidade, ao construírem uma nova narrativa espacial. Essa nova narrativa advém do uso de uma estética absolutamente diversa da usual dentro da tradição da arte sacra brasileira, marcada, de um lado, pelo barroco e seus excessos e, de outro, pelo catolicismo popular e sua profusão de representações realistas beirando o *kitsch*. As exceções ficam por conta de alguns poucos arquitetos modernistas como Lina Bo Bardi e Oscar Niemeyer.

Exatamente por ter esta postura estética extremamente diferenciada, sempre que possível, ele amplia esta reforma para além do usual, realizando a "limpeza espacial" do espaço interno da igreja, eliminando adornos, por exemplo: toalhas, quadros, vasos, adereços, plantas etc. É uma atitude tipicamente moderna, contra qualquer tipo de ornamento. Quaisquer outros elementos que não sejam essenciais, na sua concepção, para a realização da liturgia, são descartados ou colocados em algum espaço hierarquicamente menos importante do edifício. Regra geral, ocorrem desentendimentos entre sua concepção de "limpeza espacial" e aquela tradicional dos padres responsáveis, assim como da comunidade religiosa que frequenta estes espaços.

Contrariamente a essa tendência do meio eclesiástico em geral, o pioneirismo dos beneditinos na renovação do espaço litúrgico, em especial os alemães, acolheram e deram amplo apoio à concepção e ao trabalho de Pastro. Sua formação se deu dentro desta linhagem renovadora da abordagem da arte e da arquitetura sacras, como podemos ver em uma de suas principais referências teóricas sobre a liturgia, o teólogo alemão Romano Guardini (ver capítulo 2).

A "limpeza espacial" se realiza mais comumente na escala das capelas, relativamente independentes da hierarquia eclesiástica que normatiza a estética das igrejas, e também porque suas dimensões, em geral reduzidas, permitem remodelações completas e mais consistentes, usando, por exemplo, as paredes como um suporte para seus afrescos e refazendo os elementos-chave de mobiliário (figura 18 – Caderno de Imagens, p. 186).

Destacam-se entre seus projetos de igrejas e capelas, que serão mais detalhadamente comentadas no capítulo 4:

– Capela do Mosteiro Nossa Senhora da Paz em Itapecerica da Serra (1984);

– Capela do Seminário Diocesano de Manaus (1988);

– Catedral de Santa Ana de Itapeva (1988);

– Capela da Comunidade de Taizé de Alagoinhas (1992);

– Capela da Casa Provincial das Irmãs de Santo André em São Paulo (1994);

– Capela da Instituição Adveniat de Essen (1995);

– Capela Cristo Rei da fazenda Santa Fé em São Manuel (1998);

– Santuário da Vida em São José do Rio Preto (1999-2000);

– Altar da Basílica de Aparecida do Norte (2003).

A seleção dos projetos se deu tendo em vista a relevância em representar as suas concepções sobre arte sacra e religiosa e seus desenvolvimentos.

O projeto completo

Concluindo este capítulo e sua trajetória como criador, chegamos ao projeto completo de igrejas que surge posteriormente, após 1986, quando a qualidade do seu trabalho já tinha sido reconhecida e divulgada amplamente.

Neste ponto ele coroa seu trabalho dentro da concepção de unidade entre arte, design de interiores e arquitetura, dentro da concepção do "projeto moderno", que será melhor explicado no capítulo 3. Surge também, em relação ao ponto de partida arquitetônico utilizado para a inserção dos edifícios nos diferentes sítios, uma postura de utilização de referenciais correspondentes aos materiais e técnicas construtivas da arquitetura vernacular local, sempre mantendo a limpeza espacial, que tem na arquitetura sacra românica seu modelo.

Mesmo não sendo formalmente um arquiteto, Pastro tem um trabalho muito diferenciado e de qualidade formal indiscutível, com grande visibilidade dentro dos círculos em que trabalha com arquitetura sacra para a Igreja Católica, visibilidade que fez com que recebesse uma homenagem no estande de arquitetura da Expo Católica, realizada em setembro de 2003 no Expo Center Norte de São Paulo. Acima de tudo, a repercussão de seu trabalho vem porque ele fala de dentro da Igreja, unindo conhecimento artístico e teológico, e não de fora, como artistas e arquitetos sem formação teológica.

Capítulo 2

O espaço sagrado e o religioso na obra de
Claudio Pastro

Este capítulo situa as reflexões e conceitos sobre o sagrado na obra de Claudio Pastro à procura de suas fontes. Estaremos primeiramente tratando da discussão sobre o que é o Sagrado, e as abordagens construídas historicamente dentro do âmbito das Ciências da Religião.

A definição do Sagrado é uma das grandes questões epistemológicas das Ciências das Religiões e fonte de muitas polêmicas acadêmicas. Este livro não pretende esgotar esta discussão, e sim acrescentar mais um ponto de vista de análise sobre ela:

> Existe também... sei lá o quê. Talvez qualquer coisa que valha a pena
> Pelo menos pra olhar do ônibus e sorrir.
> Ou se não, por que não se entregar ao mundo, mesmo sem compreendê-lo? Individualmente é absurdo procurar uma solução. Ela se encontra misturada aos séculos, a todos os homens, a toda a natureza. E até o teu maior ídolo em literatura ou em ciência nada mais fez do que acrescentar cegamente + um dado ao problema.[1]

---

1 MONTEIRO, Teresa (org.). *Correspondências de Clarice Lispector*. Rio de Janeiro: Rocco, 2002, p. 23 (o uso do símbolo "+" no lugar de mais é da autora).

Neste capítulo serão expostas várias definições, comparadas na medida das possibilidades, e acima de tudo confrontadas com as posições do objeto de estudo na sua postura conceitual, contraposta ou justaposta à sua prática, através da leitura de seus trabalhos plásticos e espaciais.

O Sagrado visto pela fenomenologia

Um dos pioneiros na discussão do Sagrado é o filósofo alemão Rudolf Otto. Inserido dentro da Fenomenologia da Religião, ele serviu de referência a Mircea Eliade, conforme podemos observar em sua obra *O Sagrado e o Profano*, o qual inicia citando Otto no prefácio da primeira edição de 1957:

> Ainda nos lembramos da repercussão mundial que obteve o livro de Rudolf Otto, *Das Heilige (1917)*. Em vez de estudar as ideias de Deus e de religião, Rudolf Otto aplicara-se na análise das modalidades da *experiência religiosa*. Dotado de grande refinamento psicológico e fortalecido por uma dupla preparação de teólogo e de historiador das religiões, Rudolf Otto conseguiu esclarecer o conteúdo e o caráter específico dessa experiência. Negligenciando o lado racional e especulativo da religião, Otto voltou-se sobretudo para o lado irracional, pois tinha lido Lutero e compreendera o que quer dizer, para um crente, o "Deus vivo". Não era o Deus dos filósofos, o Deus de Erasmo, por exemplo; não era uma ideia, uma noção abstrata, uma simples alegoria moral. Era, pelo contrário, um *poder* terrível, manifestado na "cólera" divina (ELIADE, 2001: 15, grifos do autor).

O Deus de Otto é um Deus que se manifesta pela cólera. Esta característica é que vai dar margem às definições do sagrado que seguem no comentário de Mircea Eliade:

> Na obra *Das Heilige*, Rudolf Otto esforça-se por clarificar o caráter específico dessa experiência terrífica e irracional. Descobre o *sentimento de pavor* diante do sagrado, diante desse *mysterium tremendum*, dessa *majestas* que exala uma superioridade esmagadora de poder; encontra o temor religioso diante do *mysterium fascinans*, em que se expande a perfeita plenitude do ser. R. Otto designa todas essas experiências como *numinosas* (do latim *numen*, "deus") porque elas são provocadas pela revelação de um aspecto do poder divino. O numinoso singulariza-se como qualquer coisa de *ganz andere*, radical e totalmente diferente: não se assemelha a nada de humano ou cósmico; em relação ao *ganz andere* o homem tem o sentimento de sua profunda nulidade, o sentimento de "não ser mais do que uma criatura", ou seja – segundo os termos com que Abraão se dirigiu ao Senhor –, de não ser "senão cinza e pó" (Gênesis, 18: 27). (ELIADE, 2001: 15, grifos do autor)

Observa-se que estamos tendo como base a bíblia cristã para definir a experiência do sagrado, com um Deus que é superior e pleno de poder. Mircea Eliade introduz a terminologia formulada por Otto, do *tremendum* e do *fascinans*, tremendo e fascinante:

> O sagrado manifesta-se sempre como uma realidade inteiramente diferente das realidades "naturais".
> É certo que a linguagem exprime ingenuamente o *tremendum*, ou a *majestas*, ou o *mysterium fascinans*

> mediante termos tomados de empréstimo ao domínio natural ou à vida espiritual profana do homem. Mas sabemos que essa terminologia analógica se deve justamente à incapacidade humana de exprimir o *ganz andere*: a linguagem apenas pode sugerir tudo o que ultrapassa a experiência natural do homem mediante termos tirados dessa mesma experiência natural (ELIADE, 2001: 16, grifos do autor)

Enfim, Eliade vai localizar a distância no tempo entre o seu trabalho e o de Otto:

> Passados quarenta anos, as análises de R. Otto guardam ainda seu valor; o leitor tirará proveito da leitura e da meditação delas. Mas nas páginas que seguem situamo-nos numa outra perspectiva. Propomo-nos apresentar o fenômeno do sagrado em toda a sua complexidade, e não apenas no que ele comporta de *irracional*. Não é a relação entre os elementos não racional e racional da religião que nos interessa, mas sim o *sagrado na sua totalidade*. Ora, a primeira definição que se pode dar ao sagrado é que ele se opõe ao profano. As páginas que o leitor vai abordar têm por objetivo ilustrar e precisar essa oposição entre o sagrado e o profano (ELIADE, 2001: 17: grifos do autor).

A diferença de Eliade sobre Otto se dá em torno de sua preocupação na manifestação do Sagrado e não na sua percepção, no que ele comportaria de irracional. Enquanto manifestação cria duas categorias: o sagrado e o profano.

Concordando com esta definição de duas categorias de manifestação do Sagrado, de Sagrado e Profano, chegamos a um primeiro recorte, na qual poderíamos inserir o trabalho de Claudio

Pastro, assim como o princípio de trabalho de todos os artistas sacros, que se propõe criar os edifícios religiosos, seus espaços sagrados e a arte que neles se insere, como um contraponto aos edifícios e à arte profanos. Esta afirmativa vale para quando trabalhamos em contextos culturais onde as esferas do Sagrado e do Profano se encontram separadas. No contexto de nossa sociedade urbana brasileira dessacralizada, e em especial no âmbito oficial da Igreja Católica, espaço e *locus* do Sagrado é o edifício da igreja, assim como as representações artísticas dentro do mesmo. Este é o contexto do trabalho de Claudio Pastro.

Tanto Otto quanto Eliade sofrem críticas que os consideram reducionistas porque teriam por base suas crenças pessoais cristãs, conduzindo seus argumentos de modo a privilegiar o cristianismo sobre outras formas de religião. Este privilegiar vem de encontro a uma preocupação da Fenomenologia da Religião, dentro da linhagem por eles representada denominada Fenomenologia "clássica",[2] que consiste em comparar manifestações religiosas de contextos culturais diversos com uma suposta forma original de religião.

Como exemplar da maneira de pensar de Mircea Eliade, ele se coloca de dentro da visão cristã:

> O cristianismo conduz a uma teologia e não a uma
> filosofia da História, pois as intervenções de Deus
> na história, e sobretudo a Encarnação na pessoa

---

2 Conforme USARSKI, Frank. "Os Enganos sobre o Sagrado": *Revista Rever*, n° 4, ano 4. Disponível em: <http://www.pucsp.br/rever/rv4_2004/t_usarski.htm>. Acesso em: 15 maio 2012.

história de Jesus Cristo, têm uma finalidade trans-
-histórica – a salvação do homem (ELIADE, 2001: 98).

Para dirimir esta questão neste momento e situar melhor a exposição dos conceitos de Mircea Eliade, vamos trabalhar com o pressuposto de que estamos tratando de um sagrado dentro de um contexto cristão, onde a obra de Claudio Pastro se insere, sem nos reportarmos a um Sagrado universal, mas sagrados no plural, ou controvérsias sobre o Sagrado.

Continuando em concordância com Eliade, a diferenciação entre Sagrado e Profano se dá através da manifestação do Sagrado por meio de hierofanias, assim definidas por Eliade (2001: 17):

> O homem toma conhecimento do sagrado porque este se manifesta, se mostra como algo absolutamente diferente do profano. A fim de indicarmos o ato da manifestação do sagrado, propusemos o termo hierofania. Este termo é cômodo, pois não implica nenhuma precisão suplementar: exprime apenas o que está implicado no seu conteúdo etimológico, a saber, que algo de sagrado se nos revela. Poder-se-ia dizer que a história das religiões - desde as mais primitivas às mais elaboradas – é constituída por um número considerável de hierofanias, pelas manifestações das realidades sagradas. A partir da mais elementar hierofania – por exemplo, a manifestação do sagrado num objeto qualquer, uma pedra ou uma árvore – e até a hierofania suprema, que é, para um cristão, a encarnação de Deus em Jesus Cristo, não existe solução de continuidade. Encontramo-nos diante do mesmo ato misterioso: a manifestação de algo "de ordem diferente" – de uma realidade que não pertence ao nosso

mundo – em objetos que fazem parte integrante do nosso mundo "natural", "profano".

Novamente o ápice da hierofania é a encarnação de Deus em Jesus Cristo, que é o componente do mistério, que é tema e mote da arte sacra cristã.

> Nunca será demais insistir no paradoxo que constitui toda hierofania, até a mais elementar. Manifestando o sagrado, um objeto qualquer torna-se *outra coisa* e, contudo, continua a ser *ele mesmo*, porque continua a participar do meio cósmico envolvente. Uma pedra *sagrada* nem por isso é menos uma *pedra*; aparentemente (para sermos mais exatos, de um ponto de vista profano) nada a distingue de todas as demais pedras. Para aqueles a cujos olhos uma pedra se revela sagrada, sua realidade imediatamente transmuta-se numa realidade sobrenatural. Em outras palavras, para aqueles que têm uma experiência religiosa, toda a Natureza é suscetível de revelar-se como sacralidade cósmica. O Cosmos, na sua totalidade, pode tornar-se uma hierofania" (ELIADE, 2001: 18-19, grifos do autor).

A hierofania pode se manifestar num local, mas também pode ser evocada num espaço consagrado a ela. Este espaço pode ser um lugar delimitado, como o Monte Sinai, por exemplo, ou um templo, como o Parthenon consagrado à deusa Atena, e também um lugar em que se celebra uma hierofania, que no caso da cristandade é o mistério pascal. Convém ponderar que o espaço sagrado dentro de uma igreja católica é diferenciado de um templo: no templo a Divindade nele habita; para os crentes em Vênus ela estava no seu Templo. Nas igrejas católicas Deus não está lá, ele é onipresente, onisciente e onipotente, está em todos os lugares; a característica do edifício das igrejas católicas é que nele se reúne a comunidade de fiéis para celebrar o mistério pascal, e o altar é o local onde se realiza a celebração, o *locus* sagrado da revelação da hierofania que foi a morte e ressurreição do Cristo. Claudio Pastro inclui um outro *locus* no edifício da igreja católica como um espaço de manifestação do sagrado: o sacrário, onde fica a hóstia consagrada, que se torna o Corpo de Cristo.

Voltando a Eliade (2001: 61), tratando do modelo cristão de edifício e o *locus* do sagrado:

> A Jerusalém celeste foi criada por Deus ao mesmo tempo que o Paraíso, portanto *in aeternum*. A cidade de Jerusalém não era senão a reprodução aproximativa do modelo transcendente: podia ser maculada pelo homem, mas seu modelo era incorruptível, porque não estava implicado no Tempo.

Primeiro trata-se do modelo ideal, a Jerusalém celeste, reflexo da Jerusalém terrestre, atemporal, que remete ao Templo de Salomão, à base judaica da cristandade em termos de geografia sacra. E depois temos o comentário sobre o edifício em si já na cristandade:

> A basílica cristã, e mais tarde a catedral, retorna e prolonga todos esses simbolismos. Por um lado, a igreja é concebida como imitação da Jerusalém celeste, e isto desde a antiguidade cristã; por outro lado, reproduz igualmente o Paraíso ou o mundo celeste. Mas a estrutura cosmológica do edifício sagrado persiste ainda na consciência da cristandade: é evidente, por exemplo, na igreja bizantina (ELIADE, 2001: 61).

O ESPAÇO SAGRADO E O RELIGIOSO NA OBRA DE CLAUDIO PASTRO   55

E começa a detalhar uma simbologia do edifício cristão:

> As quatro partes do interior da igreja simbolizam as quatro direções do mundo. O interior da igreja é o Universo. O altar é o paraíso, que foi transferido para o oriente. A porta imperial do altar denomina-se também porta do paraíso. Na semana da Páscoa permanece aberta durante todo o serviço divino; o sentido desse costume expressa-se claramente no cânon pascal: "Cristo ressurgiu do túmulo e abriu-nos as portas do paraíso." O ocidente, ao contrário, é a região da escuridão, da tristeza, da morte, a região das moradas eternas dos mortos, que aguardam a ressurreição do juízo final. O meio do edifício da igreja representa a Terra. Segundo a representação de Kosmas indikopleustes, a Terra é quadrada e limitada por quatro paredes, rematadas por uma cúpula. As quatro partes do interior da igreja simbolizam as quatro direções do mundo. Como Imagem do Mundo, a igreja bizantina encarna e santifica o Mundo (ELIADE, 2001: 61).

Retomamos agora o artista Claudio Pastro quando escreve sobre suas definições do sagrado, citando tanto Otto quanto Eliade. Os negritos, maiúsculas e espaçamentos são reprodução da diagramação utilizada no original. Estão mantidas não só nesta primeira citação, como em todas que se seguirão, porque elas têm a função de destacar tópicos e alterariam a citação. Estamos tratando de textos de um autor que é artista plástico, o exercício da diagramação é intencional como parte da exposição de suas concepções.

O QUE É O SAGRADO?

> Há uma incapacidade humana em exprimir toda uma "presença escondida", um poder terrível. Temos um sentimento de pavor diante desse MYSTERIUM TREMENDUM, desta MAJESTAS e um sentimento de perfeita plenitude do ser diante desse MYSTERIUM FASCINANS (PASTRO, 1993: 41).

As duas formas de experiência do sagrado por Rudolf Otto abrem a concepção do sagrado de Pastro, sem que no entanto ele dê continuidade à sua explicação. Ele acaba então por realizar um salto para a definição base de Eliade, que sucede a exposição do raciocínio realizado no prefácio de seu livro citado no início deste capítulo:

> **O Sagrado opõe-se ao profano**
>
> O homem toma conhecimento do Sagrado porque ele se manifesta se mostra como outra coisa absolutamente diferente do profano, do usual, do cotidiano (PASTRO, 1993: 41).

Permanece então no desenvolvimento de citações quase iguais às do original de Mircea Eliade: "Há um espaço sagrado, forte, significativo e há outros não sagrados e sem estrutura nem consistência, amorfos" (PASTRO, 1993: 41).

> **Há primordialmente uma experiência NÃO homogênea do espaço** que é fundamental da experiência religiosa primária e que precede toda a reflexão sobre a vida e o mundo.

> Por que? Porque nessa experiência se descobre o
> ponto fixo, o eixo central de toda orientação futura.
> ... **A manifestação revela um ponto fixo absoluto,
> um centro. A manifestação do Sagrado funda on-
> tologicamente o mundo.**
> ... O Sagrado e o profano constituem duas modali-
> dades de ser no mundo, duas situações existenciais
> assumidas ao longo da história (PASTRO, 1993: 41).

Sobre a experiência não homogênea do espaço e seu ponto
fixo por Eliade, observamos o desenvolvimento das ideias apro-
priadas por Pastro, literal nos trechos "revela um ponto fixo absoluto, um centro" e "A manifestação do sagrado funda ontologica-
mente o mundo":

> Quando o sagrado se manifesta por uma hierofania
> qualquer, não só há rotura na homogeneidade do
> espaço, como também *revelação de uma realidade
> absoluta*, que se opõe a *não-realidade* da imensa ex-
> tensão envolvente. A manifestação do sagrado funda
> ontologicamente o mundo. Na extensão homogênea
> e infinita onde não é possível nenhum ponto de refe-
> rência, e onde, portanto, nenhuma *orientação* pode
> efetuar-se, a hierofania revela um "ponto fixo" abso-
> luto, um "Centro" (ELIADE, 2001: 26, grifos do autor)

Há uma inversão das frases e a retirada das aspas do original de
Eliade. Pastro se apropria de Eliade sem a sua precisão epistemológica.

> *Para viver no Mundo é preciso fundá-lo* – e nenhum
> mundo pode nascer no "caos" da homogeneidade e
> da relatividade do espaço profano. A descoberta ou a
> projeção de um ponto fixo – o "Centro" – equivale à

> Criação do Mundo, e não tardaremos a citar exemplos que mostrarão, de maneira absolutamente clara, o valor cosmogônico da orientação ritual e da construção do espaço sagrado. Em contrapartida, para a experiência profana, o espaço é homogêneo e neutro... (ELIADE, 2001: 28).

Após este preâmbulo da abordagem fenomenológica e da utilização dos conceitos base de Otto e Eliade por Pastro, podemos entrar no âmbito de suas concepções do sagrado através da sua obra teórica.

As concepções de Claudio Pastro e a Fenomenologia de Eliade

Observa-se como Claudio Pastro toma por base Otto e Eliade para distinguir Sagrado de Profano, para depois desenvolver uma segunda diferenciação: entre o religioso e o sagrado, no âmbito da arte, primeiro trazendo o primado da imagem como manifestação do sagrado:

> A imagem é o espaço onde o sagrado se revela.
> A imagem é o lugar da presença do invisível.
> (PASTRO, 1993: 45 e 47).

Em seguida, ele se reporta aos símbolos sagrados como universais, porém seu "universal" está vinculado à visão cristã:

> A LINGUAGEM DO SAGRADO É A IMAGEM
> A LINGUAGEM DO HOMEM É O SÍMBOLO
> (PASTRO, 1993: 45).

O Sagrado fala pela imagem. Nós podemos dialogar com o sagrado através do Símbolo = a imagem recuperada...

> Os Símbolos Sagrados são estáveis, pois estão ligados aos elementos essenciais da vida: Água, óleo, sal, pão, vinho, fogo, montanha, pedra, orvalho, pessoa (PASTRO, 1993: 49).

Esses "Símbolos" não nascem de ideias, mas da vida.

> OS SÍMBOLOS SAGRADOS SÃO VITAIS E, PORTANTO, PERENES E UNIVERSAIS; NÃO HÁ NECESSIDADE, NEM POSSIBILIDADE DE SE INVENTAR NOVOS SÍMBOLOS (PASTRO, 1993: 49).

Na sequência de seus argumentos chega ao rito: "O 'Sagrado' se manifesta no ritmo da vida humana mesmo sendo o totalmente outro..."

A linguagem (imagem-símbolo) se expressa através de quatro maneiras:

> a. MITO...
> b. SÍMBOLO...
> c. CICLO...
> d. RITO...

> O RITO É O ENLACE DEFINITVO COM O SAGRADO E ENGLOBA TODAS AS MODALIDADES ANTERIORES (CICLO, SÍMBOLO E MITO) (PASTRO, 1993:54 e 55).

Nestas páginas ele coloca seus quatro elementos, com o último conclusivo sobre os demais, o mito como "uma imagem exemplar para a vida", o símbolo que "eterniza relações", o ciclo que é "a possibilidade de recomeçar" (referindo-se aos ciclos da natureza e aos ciclos das celebrações cristãs) e o rito como "o gesto vivo e amante de uma linguagem encarnada".

Esta linguagem encarnada se traduz melhor nas suas palavras como: "No rito, o Mistério realiza os esponsais do Cristo com Sua Igreja."

Claudio Pastro não teve contato com as ideias do antropólogo Roy A. Rappaport, conforme resposta em depoimento, mas estas suas considerações nos remetem à visão teórica do antropólogo, que coloca o ritual como o ponto máximo de manifestação do sagrado. Retomaremos no decorrer deste livro uma abordagem sobre os conceitos de Claudio Pastro através de Rappaport.

Retornando aos textos de Pastro, agora tratando de semântica:

> – SAGRADO = Sacer, Cris-Sacrare (latim) = Manifestação do Sagrado, tornado Sagrado (latim)
> – SANTO = Sancionare = separar, seccionar (latim)
> – SANCTUS = SEPARADO, colocado à parte
> – MYSTERIUM = Myo = fechado, oculto (grego)
> Myxa = "ponta" de luz
> Manifestação do UM
> [...] HIEROFANIA = Manifestação do desconhecido, revelação (grego)
> Manifestação do Sagrado em alguma coisa, através da coisa (grego)
> – TEOFANIA = Manifestação de Deus (grego)
>
> [...] O que percebemos é que o Sagrado, Santo, Mistério, Hierofania são sinônimos e significam

Manifestação do Sagrado, do "Outro", "d'Aquele que é" no nosso mundo que "está sendo".

Podemos assim dizer que é o Sagrado quem se manifesta, quem toma iniciativa primeiro, quem se revela.

O contrário de Sagrado, Hierofania é PROFANIA, isto é, manifestado, de uso, do cotidiano (PASTRO, 1993: 42 e 43).

Observa-se que há uma instrumentalização da visão teórica da fenomenologia, que caminha para uma visão apologética cristã, quase como uma militância estética sobre a arte sacra, que nos remete à sua formação universitária em sociologia. O uso de frases definitivas é característico do raciocínio e da expressão intelectual do artista. Como um homem da *práxis*, ele não é dado a digressões mais elaboradas e ponderadas sobre suas ideias. Percebe-se um conflito entre tentar construir uma metateoria que justifique seu trabalho e sua própria subjetividade de criador, com um tom emocional na expressão.

Para se locomover do sagrado para o espaço sagrado, ele afirma:

PRIMEIRO, O MUNDO É SAGRADO (A MORADA DO DIVINO). MAS NA RELAÇÃO HOMEM-UNIVERSO NEM TUDO É SAGRADO: SURGE O TEMPLO COMO MICROCOSMO REDIMIDO [...]
[...] O TEMPLO É A IMAGEM DO UNIVERSO (MICROCOSMOS)
[...] O ESPAÇO SAGRADO COMO ESPAÇO ORGANIZADO TORNA-SE UM

> REFERENCIAL PARA O MUNDO CAÓTICO
> SE REEQUILIBRAR.
> (PASTRO, 1993: 86 e 87).

E tratando do espaço sagrado cristão e sua evolução:

> Templo, basílica, catedral
>
> Nas grandes civilizações orientais – da Mesopotâmia e do Egito à China e à Índia – o templo recebeu uma nova e importante valorização: não é somente uma imago mundi, mas também a reprodução terrestre de um modelo transcendente. O judaísmo herdou essa concepção paleoriental do Templo como uma cópia de um arquétipo celeste. É provável que tenhamos nessa ideia uma das últimas interpretações que o homem religioso deu à experiência primária do espaço sagrado em oposição ao espaço profano.
>
> [...] é graças ao Templo que o Mundo é ressantificado na sua totalidade. Seja qual for seu grau de impureza, o Mundo é continuamente purificado pela santidade dos santuários.(ELIADE, 2001: 57 e 58).

A importância que adquire o templo como purificador do mundo vai ser retomada por Pastro depois, e justifica a sequência de seu trabalho que parte da pintura e desenho bidimensionais, passando pela "requalificação de interiores" e acabando com a concepção total do edifício (projeto, interiores, pinturas etc.). No seu livro ele dá continuidade ao seu raciocínio, num salto da concretude dos comentários sobre o templo, no macro, o lugar da arquitetura, para a arte, no abstrato:

ARTE E BELEZA

Este é o binômio que norteia todo homem, em todas as culturas e em todos os tempos.

Arte e Beleza são linguagens humanas "de esfera superior"...

Procuremos o centro, procuremos fundamentar etimologicamente essas duas palavras, ARTE e BELEZA, e suas mudanças semânticas. (PASTRO, 1993: 98).

E novamente com Pastro usando como método a semântica:

Arte, do latim ARS, ARTIS = serviço, função, trabalho...

Na antiguidade clássica até a baixa idade média e em todos os povos primitivos, ainda hoje, não se concebe Arte como produto de mera contemplação estética, como produto de mercado.

A Arte era a função enobrecida de realizar os atos cotidianos, os mínimos atos.

Por que? Porque tudo era sagrado. Tudo tinha o valor dado pela vida e não imposto por uma ideologia, pelo valor do mercado.

[...] É por isso que até aproximadamente o ano 1000 de nossa era, "os artistas" não assinavam as obras. As maiores obras de arte que conhecemos são anônimas.

Por que? Porque todo o "o fazer" era "fazer arte" e deveria ter um sentido, uma razão vital.

Fazer arte entrava na atmosfera do "celebrar" e todos celebravam...

É por isso que na antiguidade e, ainda hoje, entre os povos primitivos vale a trilogia:

VERDADE = BELO = BOM (PASTRO, 1993: 98 e 99).

Duas observações explicitam um caminho que levará aos princípios que norteiam as fontes históricas de sua obra plástica e arquitetônica: um "primitivo", onde o sagrado e o profano não se separam, onde arte e vida não estão dissociados, numa espécie de contraponto à Idade Moderna ocidental, que após o Renascimento, com o desenvolvimento do Humanismo na Idade Moderna, deslocou o sagrado de seu lugar como centro de reflexão e entendimento do mundo, para uma esfera secundária ao cotidiano dos homens e da sua Ciência e Razão. Outro princípio é de retomada desta relação, que, como ressaltado, se finda na Baixa Idade Média ocidental. Há um romantismo, que exclui o Renascimento como o início da arte religiosa e abandono da sagrada, retomando uma era original onde essa distinção não ocorria no âmbito da Igreja e seus artistas. Esta nostalgia vai se traduzir numa releitura de elementos da arte primitiva, e retomada de cânones de pintura da iconografia cristã bizantina, assim como de sua arquitetura, aspectos melhor esclarecidos no próximo capítulo.

Frente à necessidade de situar-se enquanto artista, Claudio Pastro coloca sua visão da evolução da identidade do artista historicamente, sem citar claramente, mas implicitamente, que se trata do artista sacro: primeiro como funcionário em geral, anônimo, onde ele mescla os índios e o canto gregoriano como expressões desta identidade; na sequência teríamos o artista como "fossore", até o século IV, que é o especialista na execução da arte, que celebrava, do nascimento ao funeral, os diferentes momentos de vida de uma pessoa, exemplificado pelo trabalho nas catacumbas romanas. No século VI começa a surgir a reprodução pelo artesão de modelos bem executados, mas anônimos: não se assinava a obra das grandes corporações de ofício da Idade Média. Com o

O ESPAÇO SAGRADO E O RELIGIOSO NA OBRA DE CLAUDIO PASTRO   65

humanismo europeu surgem os mecenas, a financiarem os artistas que Pastro define como Titãs, que já assinavam suas obras e

> passavam a ser respeitados e venerados por "bem" executarem um retrato que sensorialmente agradava tanto os sentidos que pareciam "reais". Os mecenas, os nobres, se deixavam retratar e os próprios artistas, pela primeira vez, se autorretratavam. Com tal poder, passavam a assinar suas obras. Eis alguns Titãs: Piero de la Francesca, Leonardo da Vinci, Michelângelo, dentre muitos outros (PASTRO, 1993: 101).

Por fim, chega à identidade dos artistas de hoje, que a partir das vanguardas do final do século XIX (impressionismo, expressionismo)

> desejavam não mais retratar passivamente ou agradar os "sentidos" da "massa e elite", mas buscavam a verdade dos materiais, das cores e da luz... Hoje, a arte serve o mercado de consumo como uma mercadoria qualquer. É um tempo de confusão, pois somos comprados pelo fascínio do belo pelo belo. O que é o artista, atualmente? Impossível defini-lo" (PASTRO, 1993: 101).

A leitura do artista contemporâneo é dessacralizada, sem exemplos que não os profanos, para permitir que ele retome, sempre pela semântica, a procura de uma arte sacra contemporânea, contraposta a esta sequência histórica de focalização do homem e suas questões profanas, como centro da arte.

Define então Beleza: "BEL ET ZA = o lugar em que Deus brilha" (do sânscrito) (PASTRO, 1993:104).

E após a definição de beleza, a expressão de arte:

> A Expressão de arte não deve ser vista apenas como "obra de arte isolada" num determinado momento histórico e num espaço cultural...
>
> A obra de arte é um fenômeno comunicativo...
>
> Toda arte se divide em dois campos bem distintos quanto ao Objetivo e quanto a luz. A própria obra, pela sua imagem, comunica *objetividade* ou SUBJETIVIDADE. A obra de arte não é só realismo, fotografia fria de "uma coisa".
>
> (PASTRO, 1993: 106).

A divisão de águas entre arte objetiva e subjetiva é introdutória e base para diferenciar arte sacra e arte religiosa, que implica na sua fonte teórica sobre esta visão Romano Guardini, a tratarmos no tópico seguinte deste capítulo.

Romano Guardini, uma fonte transformada

Após observarmos as referências explícitas a Rudolf Otto e Mircea Eliade, entramos num âmbito mais explicitamente católico, através do teólogo e renovador da liturgia de nacionalidade alemã Romano Guardini.

Primeiro vamos ver a finalização por Pastro da diferenciação entre arte objetiva e subjetiva, comparando-a às concepções de Romano Guardini, através de sua obra *Imagen de Culto e Imagen de Devocion, carta a un historiador de arte*:

a. OBRA OBJETIVA

Quando a sua função é celebrativa, comunitária, decorativa, simbólica e teocêntrica (PASTRO, 1993: 106 e 107).

Ela é a expressão de um todo maior que o conceito de um mero artista.

Quanto à "luz": os seus materiais são o que são; por exemplo, uma escultura toda em mármore... A luz emana do próprio material, tal qual. Se é uma pintura, são poucas as cores e essas são chapadas, puras, sem nuances... A construção de pedra é de pedra e não revestida de outro material fingindo ser outra coisa.

A obra é objetiva quando ela não esgota a sua função em si mesma. Sabe-se apenas decorativa ou símbolo de um fato maior que a própria obra em si. Ela é apenas meio e não fim. Ela é Teocêntrica, isto é, sabe que o centro é uma divindade e não a obra. Ela celebra.

ARTE OBJETIVA

imagética

geométrica

decorativa

idealista

abstrata

simbólica

(PASTRO, 1993: 106 e 107)

A obra objetiva expressa um todo maior que o próprio artista, transcendente à sua condição humana, por isso é teocêntrica, expressão da divindade. Outros dados que ele introduz na definição já não pertencem a Guardini, e se aproximam mais do "projeto moderno" em arquitetura, quando a luz vem do próprio mármore, ou a pedra que é mesmo pedra, e não outro material que imita pedra. Este purismo está dentro da visão do uso aparente dos materiais de execução de uma obra, a "verdade" dos materiais, formulada por John Ruskin, como o concreto aparente que mostra o sistema construtivo de que foi feito o edifício e também da rejeição do ornamento, assuntos que serão mais detalhados no capítulo 3. Ou seja, temos Guardini que não entra no âmbito da questão da "pureza" no uso dos materiais, por exemplo, ou da necessidade de poucas cores, chapadas e puras. associado a outros elementos no texto de Pastro. Em continuidade à exposição de como ele constrói seus conceitos em seu livro, o próximo tópico é nomeado como:

IMAGEM DE CULTO ou Arte Sacra

(PASTRO, 1993: 109)

Guardini se atém a questões teológicas litúrgicas. Ele inclusive coloca-se contra o fortemente estilizado:

> A autêntica imagem de culto vem do Espírito Santo, do Pneuma. Com isto não se quer afirmar nada exagerado nem fantástico, assim como em geral, me importaria muito, estimado senhor Doutor, que o que digo aqui sobre a imagem de culto não associaria a este penoso esnobismo que só deixa ter valor ao "sacral", ao "objetivo", ao fortemente estilizado (sic), revelando em todas as partes o que no fundo

importa a Deus tão pouco como o subjetivismo ou o liberalismo artístico... (GUARDINI, 1960: 28).

Mas apesar de contradições na exposição por Pastro, ele utiliza a formulação original de Guardini para o conceito de imagem de culto:

> A imagem de culto não procede da experiência interior humana, mas sim do ser objetivo de Deus. Só Deus é, o mundo é obra Sua, não se dá o mesmo sentido para Ele e para as criaturas (PASTRO, 1993: 110).

Que no original de Guardini: "a imagem de culto está dirigida à transcendência, ou melhor dizendo, parece vir da transcendência"(GUARDINI, 1960: 18, 19).

Esta é a arte que Claudio Pastro vai definir como sacra, apoiando-se na perspectiva teológica de Guardini. O transcendente se associa em Pastro à essência do mistério de cada religião. Essa essência é objetiva porque vem da ordem objetiva de Deus, e não pertence à subjetividade de uma artista ou corrente estilística historicamente falando. Ele, porém, não usa arte de culto, mas arte sacra como definição conceitual sua: "A arte sacra é objetiva, ela vem da essência do mistério da própria religião".[3]

E esta arte sacra se contrapõe à imagem de devoção, que estaria a serviço de uma subjetividade artística pessoal ou de estilo de época, mais próxima do humano que do divino transcendente. Esta conceituação de arte de devoção por Guardini é denominada por Pastro como arte religiosa:

---

3   Conforme entrevista à revista *Planeta*, Disponível em: <http://www.terra. com.br/planetaweb/350/materias/350_imagens_do_sagrado.htm>.   Acesso em 12 jun. 2005.

IMAGEM DE DEVOÇÃO ou Arte Religiosa (PASTRO, 1993: 109).

No original de Guardini:

> A imagem de devoção brota da vida interior do indivíduo crente: do artista e daquele que tem este encargo, que, por sua vez, tomam eles mesmos a posição do indivíduo em geral. Ela parte da vida interior da comunidade crente, do povo, de sua época, com suas correntes e movimentos; da experiência que tem o homem ao crer e viver da fé. Também se refere a Deus e Sua ordem, mas como conteúdo da piedade humana. Quero dizer que, enquanto que a imagem de culto está dirigida à transcendência, ou melhor dizendo, que parece proceder da transcendência, a imagem de devoção surge da imanência, da interioridade (GUARDINI, 1960: 19 e 20).

Guardini é generoso com a característica de imanência da imagem de devoção, porque ela "também se refere a Deus e Sua ordem", mas tem seus limites temporais. Comparando-se com as palavras secas de Claudio Pastro: "A arte religiosa é devocional, é subjetiva; ela vem do freguês, que opta por esse ou aquele santinho; não tem nada a ver com o mistério do cristianismo".[4]

Na origem desta distinção entre religioso e sagrado, dentro da proposta de renovação litúrgica que culminou no Concílio Vaticano II, observamos uma nostalgia de um cristianismo mais "puro", de um "retorno às origens", origens estas situadas até o primeiro milênio da era cristã, pré-Renascimento. Com

---

4   *ibidem.*

o Renascimento, o homem passa a ser referencial da arte sacra, com a procura do realismo e o afastamento do ícone, que não se propunha reproduzir a realidade, mas o mistério transcendente a esta realidade. Retomaremos esta diferenciação quando tratarmos das fontes do repertório plástico e arquitetônico de Claudio Pastro no capítulo 3.

Retomamos Guardini e a imagem de culto ou sagrada:

> O homem que cria uma imagem de culto não é um "artista" em nosso sentido. Não "cria", se tomamos esta palavra tal como costumamos usá-la, mas ele serve... A imagem de culto contém algo incondicionado. Está em relação com o dogma, com o Sacramento, com a realidade objetiva da Igreja. [...]
>
> Na imagem de culto se prolonga o dogma; a verdade objetiva, que não procede da experiência interior, mas da representação, exposição e desenvolvimento da doutrina santa. Está irmanada com a teologia... se prolonga o Sacramento, o opus operatum da graça. A ela se aproxima o crente como a um poder sagrado; que naturalmente, não se põe "entre ele e Deus", como se expressa o subjetivismo da Idade Moderna [...]
>
> A imagem de culto é sagrada, no sentido estrito da palavra. Não só eticamente, mas também no religioso. E o religioso, não no sentido da piedade, mas objetivamente, no sentido da majestade do numen. Nela se faz perceptível o *tremendum*, o inacessível, o gloriosamente temível (GUARDINI, 1960: 23-26).

72 CÉSAR AUGUSTO SARTORELLI

Vemos que Romano Guardini também se reportou a Rudolf Otto, conforme grifo do autor acima. Ele cita um das duas formas de percepção do sagrado exposto por Rudolf Otto, o *tremendum*, o pavor; a outra seria o *fascinans*, o sentimento de perfeita plenitude. Na sua obra consultada sobre os conceitos de imagem de culto e de devoção ele não mais cita Rudolf Otto, e muito menos a categoria do *fascinans* como sentimento sobre o sagrado, que se aproximaria muito mais de um transcendente de plenitude e não de medo. Observamos então Guardini, que é fonte de Pastro, após citar a fonte teórica comum de Rudolf Otto, a seguir se reportar a Mircea Eliade:

> O lugar pertinente da imagem de culto é o sagrado, o apartado e o oculto.[...]
>
> A imagem de culto se refere à esfera "pública", e portanto, tem um estatuto oficial na Igreja, que, com efeito, canonicamente falando, é de direito público. Não pertence à esfera geral, nem à esfera privada (GUARDINI, 1960: 26-27).

A imagem sacra está à parte do universo profano, como diria Eliade. Ou seja, tanto para Guardini quanto para Eliade o sagrado deve ter um *locus* diferenciado, ele não está inserido no cotidiano de nossa sociedade laica ocidental, ele tem sua esfera à parte. Retomamos aqui as observações do início deste capítulo em que colocamos o contexto destes teóricos, cristãos ocidentais, num momento de separação das esferas laica e religiosa da sociedade, ou nas palavras dos mesmos, profana e sacra. Isto não se aplica a sociedades em que a religião e a vida cotidiana estão juntas, sem esta perspectiva de cisão. E esta imagem sacra ou de culto, como já citado por Guardini, provém do Espírito Santo, do *Pneuma*.

Voltando atrás: a imagem de culto está em uma relação especial com o hálito do Espírito. Ademais, temos que reconhecer que todo pintor o escultor autêntico que queira dar forma ao conteúdo da Revelação e da vida cristã, fazendo assim não só uma obra de arte, mas sim um elemento da nova Criação, necessita da graça, do Espírito Santo. A imagem de culto, sem embargo, está em um sentido especial sob a direção do Espírito: serve a Sua obra na Igreja; de modo análogo a como lhe serve o pensamento quando se faz teologia; veja-se a passagem no livro do *Êxodo* onde se diz que o Senhor chamou "com nomes" aos homens que teriam de construir a Tenda da Aliança: lhes "encheu de sentido de arte, de compreensão e saber em toda obra, para inventar planos e levá-los a cabo em ouro, prata e cobre, para talhar pedra fazendo relevos, e cortar madeira; enfim, para levar a cabo com arte obras de toda espécie. Também pôs em seus corações o dom de ensinar (GUARDINI, 1960: 28-29).

Retomamos Pastro tratando da obra subjetiva, para chegar a uma segunda categorização que ele estabelecerá em contraponto à arte objetiva, depois imagem de culto e por fim arte sacra como já citado. A sequência da segunda categoria seria obra subjetiva, arte subjetiva, imagem de devoção e arte religiosa, que se inicia assim:

b. OBRA SUBJETIVA

Ela é fruto de um artista... portanto, individual. É lírica, sensorial, acadêmica e antropocêntrica, pois seu fim está em si mesma. Seria o "Belo pelo Belo", expressão do homem no humano, uma cópia da

74 CÉSAR AUGUSTO SARTORELLI

realidade ou da natureza. Nada deseja celebrar. É a vontade e a capacidade do artista que conta.

Quanto à luz: ela provém de um ponto externo, entra por uma janela por exemplo.

ARTE SUBJETIVA

orgânica

sensorial

naturalista

realista

romântica

retratista

acadêmica

(PASTRO, 1993: 30)

O que para Pastro é subjetivo, também é orgânico, sensorial, ou seja, a arte objetiva, seu contraponto, não teria apelo aos sentidos. Esta arte subjetiva estaria inserida no mundo, porque orgânica a ele, e não à parte do profano. Ela retrataria uma "realidade", retomando a sentimentalidade humana, contra um sentimento transcendente que pertence à arte objetiva e ao domínio do abstrato na representação. Retratista e acadêmica são afirmações no mínimo curiosas, porque para um artista acadêmico ele simplesmente está sendo objetivo ao seguir as normas da academia, e o retrato é parte de seu ofício. A adjetivação tem sentido no contexto de negação de "realismo" na representação das imagens, filha de sua posição de retomada de princípios e normas de representação do ícone bizantino. Estar o homem no centro da realização da obra de arte, em sua transitoriedade, em posição superior a uma ordem objetiva de Deus, traduzida em determinada maneira de realizar a arte que seria perene, é a essência de sua definição de arte subjetiva, adjetivações à parte. Esta arte subjetiva será enfim tratada como arte religiosa, que corresponde em Guardini à imagem de devoção:

> Na imagem de devoção, o homem tem uma iniciativa completamente distinta. Sua capacidade de invenção e configuração está comunicada de modo totalmente diverso. Não quer preparar o lugar onde possa entrar a Presença, e sim representar o que configura sua fantasia: expressar o que sente seu coração; exatamente, "criar uma obra de arte". A isso corresponde a atitude do contemplador; admira a imagem, a compreende, a estima, a insere no conjunto da criação humana em geral (GUARDINI, 1960: 24).

Aqui temos a dominância da fantasia do artista, de suas emoções humanas e limitadas, sobre a receptividade de um sagrado dado pela "Presença", ilimitado. Arte sacra deve permanecer, deve ser maior que o sentimento humano, deve traduzir o transcendente, porque ela correria o risco de permanecer na esfera do profano, temporal e não nos aproximar de uma união com o Divino, e sim do sentimento de adoração deste Divino. Esta imagem de devoção tem sentido como preâmbulo da imagem de culto porque:

> Está em relação com a vida pessoal cristã. Nela se prolongam a reflexão da fé, a luta e a busca internas, as tarefas e as necessidades existenciais. Se insere na instrução e dá lugar à doutrinação (GUARDINI, 1960: 24).

Mas ela (a imagem de devoção), mesmo sendo limitada pela fantasia do artista, ainda está dentro do âmbito da vida pessoal cristã e tem um papel de instrução e doutrinação. Pastro não considera esta hipótese na sua avaliação. Para Guardini (GUARDINI, 1960: 25-26):

> A imagem de devoção não tem autoridade, a não ser a força de seu ser e vida interiores... Se comporta pedagogicamente com ele (o homem crente); lhe faz evidente sua interioridade. Lhe faz sentir que deve e pode seguir adiante. Lhe faz transitável o caos da existência e o ajuda a caminhar. Se põe a seu lado, lhe mostra possibilidades e desata as forças interiores de realização.
>
> [...] a imagem de devoção descansa nas relações da semelhança e da transição. Tem pontes. Nela descende o divino, e o homem se eleva).

A imagem de devoção "lhe faz evidente sua interioridade", ou seja, sua devoção pessoal, o "ajuda a caminhar", não transcende, mas tem seu papel de elevar o homem. Para Guardini, a imagem de devoção faz inclusive uma ponte entre o humano e o divino, é pedagógica:

> A imagem de devoção, ainda que esteja na igreja, está enquanto a igreja é lugar de experiências religiosas, local de edificação, sem distinguir-se do "quarto tranquilo" essencialmente, senão somente em gradação.
>
> [...] o espaço da imagem de devoção está dado de antemão como prolongação do privado. (GUARDINI, 1960: 27-28).

Sempre a insistência no âmbito do privado, e a imagem de devoção realizando a prolongação da devoção privada para o espaço público da igreja.

> Também a autêntica imagem de devoção procede de um sagrado influxo... portanto o artista cristão desta outra espécie tampouco pode criar mais que quando está tocado, mas esse toque tem lugar desde a sua individualidade. Não marcha pelo caminho das ordenações objetivas, da tradição santificada, do modelo válido, senão pelo da experiência pessoal e sua disposição especial, e se funde de modo muito diverso com o impulso criativo individual. A partir da imagem de culto fala o Espírito, tal como reina na Igreja enquanto totalidade, orientado a formar a comunidade, a lograr a forma do mundo; na imagem de devoção reina o mesmo Espírito, mas enquanto conclama para o imediato da relação entre o Ser humano e Deus, o "Deus e minha alma, e nada mais", orientando os complexos caminhos da Providência individual (GUARDINI, 1960: 30).

E na comparação estabelece a qualificação da imagem de culto por onde fala o Espírito, "tal como reina na Igreja enquanto totalidade". Ao se falar em "totalidade" se transcende a individualidade, que traduz "o sagrado influxo" que dá origem à imagem de devoção.

> Se a imagem de culto degenera, se torna fixa, vazia, fria. Sua sublimidade se transforma em falta de vida. Perde a relação com a existência real. Se resseca em esquema, em alegoria, em mera indicação de conceitos abstratos. Ou pelo contrário, adquire vida de

maneira ruim. Se desvia para o mágico... A imagem
se torna ídolo (GUARDINI, 1960: 30-31).

Também a imagem de culto pode degenerar e se desqualificar ao se desviar para o mágico, o que vale dizer que o culto do Espírito que nela se expressa pode adquirir características mágicas, desvio da teologia oficial por assim dizer, porque na história da Igreja as práticas mágicas são constantes, vide a polêmica iconoclasta. Talvez desta memória da iconolatria se previna Guardini, porque imagens de culto, pela exacerbação do culto que as nomeia, que deveria ser para o Espírito, criam uma adoração típica do catolicismo popular que desvia da atenção no Mistério, que é a comunhão pascoal, para a concretude da resolução mágica pela fé na imagem ali exposta, que deve ser fim e não meio:

> As possibilidades de deformação da imagem de devoção vão em outro sentido. Sobretudo, o perigo de que tanto nela como na consciência do "observador" preponderem os valores da obra: a realização artística, a segurança ou diferenciação de sua psicologia, a beleza, o interessante e estético em todas as suas formas. Então se desvia simplesmente para o profano. Ou experimenta uma deformação todavia pior: quando o religioso mesmo se torna objeto de prazer, surgindo essa união do religioso, do estético e do sensorial que pertence ao que de pior pode produzir uma cultura decadente (GUARDINI, 1960: 30-31).

A imagem de devoção já tem uma deformação e não uma degeneração, porque ela está qualitativamente abaixo da de culto, porque mais distante do Espírito, do "sagrado influxo". Esta deformação vai para o campo da "arte pela arte", que desvia para o profano, segundo

O ESPAÇO SAGRADO E O RELIGIOSO NA OBRA DE CLAUDIO PASTRO 79

Guardini. Mas o mais curioso de seu comentário é a deformação em que "o religioso mesmo se torna objeto do prazer", como se o prazer tivesse que existir somente dentro de uma esfera do sublime, e o sensorial estivesse desqualificando o religioso. Teríamos então um religioso objetivo porque não passa pelos sentidos. Poderíamos opor a esta visão Gerardus Van Der Leeuw, que afirma que a "Arte Religiosa transparece sempre que nós reconhecemos na forma do homem a forma de Deus, na construção do homem, a criação" (HUBBELING, 1986). Enquanto que para Guardini (1960: 32):

> A História parece mostrar que a imagem de culto está destinada a períodos primitivos – pensemos no conceito do arcaico –, enquanto que a imagem de devoção aparece em situações posteriores. Assim, encontramos autênticas imagens de culto naquelas datadas dos princípios do Cristianismo, nas românicas, e também nas primeiras góticas; e a partir daí aparece a imagem de devoção).

Está aí a análise de evolução histórica da arte de devoção, a partir da valoração do conteúdo humano sobre uma ascensão do divino, característica dos primórdios do cristianismo, e a preferência pelo primeiro milênio do cristianismo e suas expressões artísticas, no românico e no bizantino. Cabe perguntar por que o primórdio dos primórdios, com as representações à moda da arte romana, com Jesus pintado como o Deus Mercúrio, na arte das catacumbas, por exemplo, não são citadas na argumentação, porque também falam de uma divindade humanizada. Pastro toma desta análise com extrema ortodoxia, negando com veemência o período posterior do segundo milênio e fazendo uma releitura deste repertório arcaico sob forma contemporânea. Na sequência de raciocínio de Guardini (1960: 34):

> [...] é todavia absolutamente possível para nós uma imagem de culto? A pergunta é difícil, pois vem unida à crise da arte em geral, que evidentemente busca uma nova base, e portanto, haverá de assumir um caráter diferente; e igualmente vem unida à crise da vida religiosa. Mas ambas, por sua parte, estão ligadas à transformação da vida social. Parece seguro que se sente a necessidade da imagem de culto. Ela está em relação com esse movimento que chamamos litúrgico; isto é, a tendência a sair do subjetivismo da Idade Moderna para chegar a uma vida cristã determinada, conforme a seu modo de ser, para que aconteça a nova Criação.

É na revisão da liturgia como fonte de uma nova abordagem da arte sacra que há um fecho do pensamento de Guardini, criando uma base teológica para a ação de Claudio Pastro, assim como de vários artistas sacros contemporâneos. Pastro responde a esta revisão litúrgica acrescentando sua leitura das resoluções do Concílio Vaticano II, e também a sua apropriação subjetiva da arte contemporânea na execução, resultando em uma visão pessoal mais dogmática e afirmativa de seu trabalho.

O que deve ser ressaltado é que Pastro não cita as formulações originais de Guardini como fonte desta distinção entre sacro e religioso, se restringindo a citá-lo como uma de suas grandes influências, mas somente ao final de seu livro C. *Pastro Arte Sacra*, de 1993, e em sua reedição melhorada com novo nome, *A Arte no Cristianismo*, de 2010, citando-o apenas na bibliografia.

O ESPAÇO SAGRADO E O RELIGIOSO NA OBRA DE CLAUDIO PASTRO

Comparando Guardini e Pastro, percebemos que o segundo é muito mais definitivo na sua separação entre arte de culto e devocional, rompendo qualquer valoração ou possibilidade de trabalhar com elementos da segunda. Guardini tem comentários mais generosos e trata a imagem de devoção como parte do contexto da Igreja, nela tendo um papel, menor, mas que não deve jamais ser menosprezado, nas suas palavras:

> Naturalmente, não há uma imagem de culto e uma imagem de devoção de índole exatamente tal como aqui dizemos. Na realidade não se encontram tipos puros...(GUARDINI, 1960: 20).

Como erudito, Guardini foge de categorizações definitivas em torno do enquadramento nas definições de devocional e de culto; mesmo a arte devocional tem seu papel:

> Também a autêntica imagem de devoção procede de um sagrado influxo... portanto o artista cristão desta outra espécie tampouco pode criar mais que quando está tocado, mas esse toque tem lugar desde a sua individualidade (GUARDINI, 1960: 30).

Podemos, à guisa de conclusão deste capítulo, observar que Claudio Pastro constrói suas concepções sobre três pensadores: Rudolf Otto, Mircea Eliade, ambos fenomenólogos, e Romano Guardini, enquanto teólogo. Esta construção é feita com recortes e apropriações, sem preocupação de ponderar e precisar conceitos. Eles são colocados numa sequência retórica, de postulados adquiridos pelo artista e sem citações das fontes, criando uma espécie de discurso justificativo do resultado de seu trabalho

82 CÉSAR AUGUSTO SARTORELLI

prático. Chegamos neste caminho às categorias do espaço sagrado de Pastro: espaço sagrado e profano por intermédio de Eliade e espaço sagrado e religioso por intermédio de Guardini.

Outras fontes sobre o sagrado na arte e arquitetura

Existem porém outros autores e suas definições do Sagrado e de como se manifesta na arte e na arquitetura. Gerardus Van der Leeuw, tratando de arte, "enfatiza que o trabalho artístico não se torna religioso somente pelo uso de tema religioso" (HUBBELING, 1986: 29), ou seja, não basta tratar do assunto religioso, precisa de algo mais, que lhe dê a beleza, porque beleza e sagrado para ele são associados. Poderia se manifestar esta junção entre beleza e sagrado pelo monumental, no caso da arquitetura da seguinte maneira:

> A arquitetura apresenta os mais eloquentes exemplos. Ela trabalha com a natureza das grandes massas... Van der Leeuw pensa na arquitetura do antigo Egito, no opressivo peso dos monstruosos pilares de Karnak, colocados todos perto um do outro, uma divina opressão que nos compele a fugir...
> (HUBBELING, 1986: 27).

Ou mesmo este algo a mais está na classificação do "fascinante, pela atração exercida pelo sagrado, que pode ser expressada através da luz, através da cor, através da luz do sol contrastando com a escuridão". (GUARDINI, 1960: 29).

Para ele, a arte que seria denominada religiosa ou de devoção, que para Pastro é "menor", tem grande valor na expressão do sagrado, citando obras de Michelangelo, Albrecht Durer, ressaltando do último, na sua obra *Sudário de Santa Verônica*, suas qualidades sentimentais, subjetivas, como dureza e amor, majestade e piedade, imponência e fascinação combinados de gloriosa maneira. E ele coloca os momentos de união entre beleza e arte nos termos:

> Existem os momentos que indicam que a arte transcende a si mesma por vários caminhos e mostra o outro (isto é, o mundo metafísico) e às vezes o totalmente outro (isto é, o mundo divino). De qualquer modo, a arte tem a possibilidade de transcender a si mesma, e assim, embora o divino não seja jamais alcançado, a preparação para o encontro com o divino está presente (GUARDINI, 1960: 41).

A diferenciação entre sagrado e religioso também aparece discutida por outros autores, como André Malraux, que é exposto por Madaleine Ochsé na *Enciclopédia do católico no século XX*, edição de 1960, que define assim o sagrado: "O sagrado não implica apenas um absoluto, mas também que a vida da sociedade em que aparece esteja orientada por ele" (MALRAUX *apud* OCHSÉ, 1960: 12).

Segundo os comentários de Madeleine Ochsé, André Malraux desenvolve seu raciocínio falando da impotência que a arte contemporânea teria em suscitar uma arte com a qualidade das catedrais da Idade Média. O Ocidente cristão havia descoberto, através da arqueologia, um gosto pelo passado e também pela arte sacra de outros povos, culturas e tempos, tendo então se revelado um caráter universal da arte em todas as religiões: "As religiões não são então, mais que elevadas regiões do humano e a arte é essencialmente uma das defesas fundamentais do homem contra o destino" (OCHSÉ, 1960: 12).

Teríamos, assim, uma universalidade da arte, que transcenderia o contexto original da religião e da cultura onde foi realizada. Cita a estátua de um anjo feita por um escultor indígena de totens, que espantava as crianças em uma igreja onde foi colocado. O escultor teria conservado o

> segredo da aura mágica, pela qual se define, em sua origem, o sagrado... também em nossas igrejas medievais, clássicas ou barrocas, também comportam esse elemento de temor e respeito, de efusão e mistério, sem o qual não reconhecemos o sagrado (OCHSÉ, 1960: 13).

Após comentário que nos remete ao *tremendum* de Rudolf Otto, Madeleine cita outros autores, como Stanislas Fumet, que diz: "A Arte sacra é aquela que fala de Deus ao homem, a arte religiosa é a que fala do homem a Deus" (OCHSÉ, 1960: 13). E Dom Claude-Jean Nesmy, que formula: "Uma arte de expressão de si pode ser religiosa e cristã, mas não é arte sacra. Não exprime Deus, mas a criatura. Além do mais, essa arte é individual. Não é uma arte de igreja" (OCHSÉ, 1960: 13-14).

A autora argumenta que a definição é ambígua, porque

> o próprio da arte sacra consiste, em nossa opinião, em exprimir Deus através da criatura. Todo artista, sem exceção, exprime-se em sua obra. Fra Angelico, Memling ou Giotto não escaparam a essa lei. Sua obra é sagrada porque aberta e não fechada sobre si mesma, implicando um além-de-si (OCHSÉ, 1960: 15).

Ou seja, não existiria uma arte que não fosse subjetiva, que não exprimisse a subjetividade do próprio artista. Esta subjetividade está no fato de se exprimir Deus através da criatura, ou seja, do próprio homem, através do artista que realiza a obra. Esta subjetividade poderia estar codificada por posturas supostamente objetivas, que seriam consensos de abordagem do fazer artístico, e justificariam a melhor qualidade de uns sobre outros, mas mesmo aqueles que exprimem o objetivo o estão fazendo sob a base pessoal de uma seleção subjetiva. A qualidade da fatura da obra artística sacra estaria em outro âmbito que não uma discussão de objetividade e subjetividade.

Ochsé coloca com muita precisão que

> o religioso não sagrado é uma noção perigosa e mal delimitada, correndo o risco de nos impelir para algum vago deísmo em que se refugiam as aspirações informuladas do incrédulo contemporâneo. E a confusão aparece de novo. Pois os escritores e críticos de arte de repente percebem que toda obra bela e que dá o que pensar – mesmo que seja uma paisagem, uma natureza morta – traz em si um caráter religioso (OCHSÉ, 1960: 15).

Percebe-se uma atitude de não isolar a arte sacra no âmbito da arte feita para a Igreja ou para edifícios religiosos, que a arte pode traduzir o religioso mesmo na abordagem de temas profanos. Não existiria esta separação entre profano e religioso de modo que os escritores e críticos de arte "simplesmente descobriram que toda criação é habitada por seu criador, e que toda matéria-prima, mesmo a mais naturalista, irradia espiritualidade. E por descobrirem isso, não resolveram o problema da arte sacra" (OCHSÉ, 1960: 15).

Madaleine recorre também a um autor artista, que tem reflexão e práxis como Claudio Pastro, o famoso pintor Henry Matisse, que tem a opinião, publicada na *Revista L' Art Sacré* (exemplar não citado), de que:

> Não temos senão que olhar a obra. Convida ela ao recolhimento, à paz? É ela elevação espiritual? Se a resposta for positiva, chamem-na de arte sacra: o artista é aquele que pode exprimir. Miguel Angelo e Rafael exprimiram-se segundo sua inspiração, que era profana. Os Primitivos são os mestres da arte sacra. A Mesquita de Córdoba (o mirab) é arte sacra. A Sixtina, não. Fra Angelico, Giotto, os Sienenses, esses são arte sacra (OCHSÉ, 1960: 15).

Ela pondera: "Com que direito excluímos da arte sacra Miguel Angelo e Rafael, para só nela incluir a Idade Média românica e gótica"? (OCHSÉ, 1960: 15). Tal raciocínio rebate Romano Guardini, e Claudio Pastro acima de tudo. E tem uma resposta concisa sobre o que seria arte sacra:

> é aquela que tem por finalidade construir os templos ou esculpir as imagens dos deuses. Toda religião comporta um culto. Os objetos necessários ao exercício do culto entram no ciclo da arte sacra (OCHSÉ, 1960: 15).

Questiona depois o rechaço do ornamento, que faria parte do estilo de cada época, e seria coerente que ele estivesse dentro do espaço da igreja, porque presente no resto do mundo profano. Aí vemos uma polêmica que está na raiz do movimento moderno, que no contraponto com o ecletismo (em arquitetura) que o antecedeu rejeitava o ornamento, procurando uma estética dos materiais, das

O ESPAÇO SAGRADO E O RELIGIOSO NA OBRA DE CLAUDIO PASTRO 87

formas simples. Partindo desta ideia da permanência do ornamento a autora o relaciona à arquitetura, porque:

> o ornamento, qualquer que seja ele, permanece subordinado à construção do templo. É pela arquitetura que se define a arte sacra. Cada templo nos ensina, com mais eloquência que os livros, as concepções que os homens engendram da divindade e as relações que este mantém com as criaturas (OCHSÉ, 1960: 16).

A arquitetura como a grande definidora é um paradigma de hierarquia entre as artes, porque ela guarda a perenidade contraposta à fragilidade da obra plástica, ela tem a grande dimensão base para acolher outras artes (pintura, escultura, desenho, música). Não é de estranhar que na trajetória de trabalho de Pastro ele tenha avançado da pintura para a arquitetura. Respondendo em entrevista à revista *Planeta* à pergunta sobre como era escultor, pintor e fazia arquitetura, sem ter formação acadêmica em artes e arquitetura, de que maneira explicaria isto, diz: "foi minha busca, busca de criar espaços bonitos, expressivos dentro da Igreja Católica".[5]

Ou, como coloca Van der Leeuw (1963: 198):

> Portanto, arquitetura, cujo movimento consegue se congelar como nenhuma outra arte tem condições de fazer, pode reter rapidamente as linhas e formas de muitas culturas: A arte que é chamada de sinfonia em pedras oferece por inumeráveis séculos uma forma claramente compreensível.

---

5 Conforme entrevista à revista *Planeta*, Disponível em: <http://www.terra.com. br/planetaweb/350/materias/350_imagens_do_sagrado.htm>. Acesso em: 12 jun. 2005.

Observa-se como Van Der Leeuw está em concordância com um paradigma do "projeto moderno", colocando a arquitetura como a mais alta forma das artes. E tratando de espaço como o âmbito do trabalho do arquiteto podemos fechar com uma outra posição sobre como ele pode expressar o sagrado:

> De maneira similar a uma catedral medieval, outros espaços podem afirmar a experiência do sagrado e do santo. Por exemplo, a crença Quaker num Deus imanente e pessoal se reflete na simplicidade do design da casa de reuniões Quaker, que é um espaço pouco fechado, com janelas de vidros para vistas naturais, e com decoração esparsa. O reconhecimento clássico Grego da onipresença do sagrado na natureza era simbolizado pela localização em locais especiais e pelas muralhas a céu aberto de seus templos. Analogias similares podem ser encontradas entre os sistemas de crença e os espaços sagrados de outras religiões do mundo.
>
> A religião, então, pode ser vista como mais do que um código de crenças ou um código de ações morais no mundo. Através de um exame das expressões estéticas, como a arquitetura e as artes visuais, nós podemos ver que a religião providencia um reconhecimento da relação entre o humano e o sagrado. A experiência corporal dos crentes no encontro com os espaços sagrados permite um reconhecimento pessoal do que significa ser humano, ser um indivíduo, e ser um crente. Religião, então, é um caminho para a definição de si mesmo, e definindo-se a si mesmo, o crente está preparado pra reconhecer o outro – o sagrado (APOSTOLOS-CAPPADONA, 1996: 225).

Não existe a preocupação de ligar a expressão do sagrado a determinadas características específicas de correntes de arquitetura. O encontramos aqui sob várias formas, em várias tradições, simplesmente como reflexo de crenças que ensejam soluções de arquitetura adequadas a estas concepções. A experiência dos crentes com o espaço sagrado qualifica a relação com a sua humanidade, ajudando-o a definir a si mesmo. Há aqui um retorno da expressão artística do sagrado que parte da concepção dos crentes, e depois a reforça em retorno quando do contato com ela. A autora não trata de teologia ou de liturgia num sentido estrito, ela se preocupa em qualificar os espaços como sagrados por decorrência de crenças, e poderíamos arriscar, discursos sobre o sagrado.

Poderíamos indagar como surgiu a ideia do sagrado dentro do curso da evolução humana, Ele pode ser associado primeiramente às linguagens oral e gestual através de ritos, anteriores à sua representação em arte e arquitetura, numa relação ainda não intermediada por construções fixadas, mas ainda abertas à interpretação subjetiva visual, como nas pinturas rupestres e posteriormente em templos Com o surgimento e dominância da linguagem escrita e da razão como instrumento de análise, o sagrado passa a ser tratado como um discurso sobre o sagrado, abstraindo os conteúdos que a cultura visual traz, para além de ilustrar e se adaptar a discursos sobre o sagrado. Concordando com Roy Rappaport (2001: 402): "O conceito do sagrado, portanto, é quiçá tão antigo como a linguagem, o que equivale a dizer que é tão antigo como a própria humanidade".

Voltamos a nos perguntar, para dar continuidade às várias abordagens do sagrado, que fazem a apologia da arquitetura como expressão artística maior da arte sacra, se determinadas concepções de sagrado, contraposto ao religioso, podem também ser associadas a proposta do "projeto moderno" em arquitetura. Este projeto, no sentido de diretrizes e conceitos chaves do movimento moderno em arquitetura, pretendeu ser renovador, romper com a tradição e estabelecer uma retomada de um essencialismo que remete a uma narrativa sobre o periodo clássico, desde a arquitetura grega, na limpeza formal pela exclusão de ornamentos "excessivos", e acaba se casando com uma renovação litúrgica que também se reporta a um passado "clássico" da arte sacra, do primeiro milênio. Em ambos sentimos certa militância de retorno utópico a uma essência perdida, tipicamente romântica. Esta essência perdida o seria explicitamente pela troca do foco sobre um sagrado perene, centrado no "espírito" nas palavras de Guardini, pelo religioso onde o humano temporal é o foco, tratando de arte pelo pensamento católico.

O "projeto moderno" em arquitetura e arte, num sentido amplo, pode ser tratado como um produto da evolução do mesmo homem centro do mundo, dentro do projeto iluminista, desenvolvendo em sua fase final um racionalismo funcionalista, por parte de expoentes da fase final da Escola Bauhaus, que teve continuidade após o fechamento da mesma. Esta corrente racionalista estaria no sentido contrária do religioso, exacerbando o papel da razão como cerne do projeto arquitetônico de um mundo melhor, e dentro deste mundo planejado, uma arquitetura da mesma qualidade. Mas esta espécie de análise, que já foi dominante no ensino de arquitetura, acabou por relegar ao esquecimento que o "projeto moderno" tinha um caráter de procura de uma transcendência na arte, pela superação da figuração do academicismo e na arquitetura, como se vê na Bauhaus em sua fundação e primeiros anos, e também nas vanguardas Suprematista Russa e Neoplástica Holandesa, por uma reconstrução do mundo com viés na procura das formas puras, entre outros princípios. Neste segundo ponto de vista de análise, conseguimos perceber um encontro entre a vanguarda da arquitetura e a vanguarda da renovação litúrgica e da arquitetura sacra católica, que conseguiu casar "projeto moderno" com a retomada, através de uma releitura, com a arte e a arquitetura cristã do primeiro milênio.

Vamos explorar mais esta questão no próximo capítulo, tratando das influências de Claudio Pastro no âmbito da práxis como artista, em arte e arquitetura, assim como em liturgia e visão dos caminhos da Igreja Católica pós-Concílio Vaticano II.

Capítulo 3

Influências e fontes da obra de Claudio Pastro

O bizantino, o românico, o ícone bizantino

Como todo artista e arquiteto vernacular, Claudio Pastro teve suas referências em obras executadas anteriormente por outros artistas, que originaram tanto seu "vocabulário iconográfico" quanto referências espaciais em arquitetura. Ele cita em seus livros quais são estes artistas e arquitetos. Neste capítulo, estaremos analisando mais detalhadamente alguns deles.

Dentro de sua análise de sacro e religioso na arte, ele valoriza a arte e a arquitetura do primeiro milênio do cristianismo. Para melhor compreendê-la, convém expor a história do desenvolvimento da arte cristã. Os locais onde se desenvolvia esta arte, em seus primórdios, do século I ao IV, eram as catacumbas, onde se realizavam as reuniões e cultos dos primeiros adeptos. Os desenhos e pinturas tinham um caráter simbólico, para iniciados, a fim de escapar das perseguições do Império Romano contra os cristãos.

Os artistas coveiros, que trabalhavam nas catacumbas, eram denominados fossores, fazendo parte dos "sagrados ministérios", logo abaixo dos diáconos e acima dos "Ostiari" ou clérigos menores. Este status dos fossores permaneceu durante o primeiro milênio na Igreja do Ocidente, e na do Oriente permanece até hoje, o que será mais bem esclarecido à frente quando trataremos do ícone. Os fossores pertenciam à hierarquia da nascente Igreja num posto de destaque. Havia uma relação profunda entre arte e culto, e o artista era ativo participante, porque sua arte servia para descrever (as Escrituras) e doutrinar, era parte da prática religiosa. Existiam certas representações recorrentes:

- "O Cristo Hermes" – ou Cristo Sol, figura imberbe e jovem que remete ao Deus Mercúrio, filho de Zeus, numa apropriação da iconografia pagã;

- "Bom Pastor" – que leva o morto para a "pátria eterna", representado pela ovelha nos ombros do pastor;

- "Última Ceia" – aparecendo na forma de um banquete;

- Imagens bíblicas – Noé na Arca, o sacrifício de Isaac, Moisés que faz jorrar água da rocha, a história de Jonas, a ressurreição de Lázaro e os Reis Magos presenteando Jesus no colo de Maria;

- Imagens marianas;

- Âncoras como símbolo dissimulado da cruz (ver figura 19 – Caderno de Imagens, p. 186).

Quando o imperador romano Constantino, com o Édito de Milão (em 313 d.C.), reconhece a Igreja Cristã e acaba com as perseguições, autoriza o uso de "lugares basilicais" para realização do culto, no descanso oficializado por ele aos domingos. A arquitetura e arte sacra vão se desenvolver nesta tipologia de edifício, entre eles a Basílica de São Pedro no Vaticano, a primeira

O ESPAÇO SAGRADO E O RELIGIOSO NA OBRA DE CLAUDIO PASTRO 97

construída pelo imperador para culto cristão (figura 20 – Caderno de Imagens, p. 187).

As basílicas eram na Roma pré-cristã edifícios públicos seculares: "próximas àquelas do fórum (ao qual normalmente era contíguo), a saber, o intercurso geral, social e comercial, bem como a audição de processos jurídicos" (ROBERTSON, 1997: 268).

Eram formados por uma grande estrutura retangular com um pátio ao céu aberto e "existe, usualmente, uma estrutura especial, a tribuna, colocada em uma das extremidades, a ser ocupada pelo magistrado dirigente" (ROBERTSON, 1997: 68).

Descrevendo mais detalhadamente, elas tinham como primeiro espaço funcional padrão um *atrium* ou adro, que era o lugar de recepção, onde os peregrinos e viajantes se "lavavam" ao chegar, e que se tornou para os cristãos o lugar dos batistérios. A grande nave central, rodeada de colunas, seria a praça ou salão onde o povo aguardava a chegada do rei, ou um julgamento, ou simplesmente uma "aula" (lição). Decorre daí que a primeira parte da missa seja um magistério. As naves laterais eram os lugares dos advogados, e este espaço se tornou o local dos altares laterais e confessionários. O cruzamento entre a nave central e outras pequenas naves, o transepto, era o lugar da mesa de julgamento, o centro do edifício, que se tornou o altar. Ao fundo, a abside (nicho semicircular abobadado), onde ficava a cátedra (cadeira) da Autoridade (juiz ou rei) e demais presidentes da assembleia. No edifício cristão ela se torna a sedia (cadeira) do bispo.

A basílica se tornará o padrão das igrejas cristãs até o início do século XX. Não deixa de ser curioso que seu esquema espacial tenha origem num local de audição de processos jurídicos, a partir da oficialização como culto do Império Romano, e que tenha sobrevivido quase sem modificação tanto tempo. A título de curiosidade, quando de sua fundação em 1088, a Universidade de Bolonha surge quando se inicia o estudo de Direito, dividido em Canônico e Civil. A correspondência entre espaço de julgamento civil e religioso remete às relações de poder entre Igreja e Nações, depois Estados Nacionais, que pode chegar ao ponto extremo de uma Inquisição. Vemos como o desenho espacial, o projeto funcional de um local, no caso a basílica romana, pode trazer informações que servem para entender melhor como se desenvolveram seus ocupantes, primeiro o Império Romano e depois a Igreja Católica Romana. Como bem colocou Goethe, "arquitetura é música congelada" (*apud* VAN DER LEEUW, 1963: 198), e acrescentaria que não só música, e sim uma série de informações que ela fixa, entrando no âmbito da Cultura Visual.

Retomando a trajetória do espaço de culto católico com a basílica, teremos dimensões muito mais generosas e públicas, onde se podia colocar a arte que anteriormente tinha os limites das catacumbas, e esta nova arte será feita de mosaicos e afrescos, com ausência de esculturas, no máximo crucifixos em baixos-relevos. Os temas serão mais explícitos, sem necessidade de somente trabalhar com símbolos, retratando Cristo, Nossa Senhora, os anjos e santos, hierarquizados pela sua posição, o Cristo sempre em destaque. Os desenhos simbólicos não serão abandonados de todo, e consagrados pelo uso, ainda permanecerão, como coadjuvantes na composição visual.

As basílicas eram construídas similarmente tanto no Ocidente quanto no Oriente, como o exemplo de Santa Sofia em Constantinopla. Neste novo edifício basilical florescerá uma forma especificamente cristã de arte, que permanecerá até hoje com as mesmas regras: o ícone.

O ícone

A expressão ícone vem da palavra grega *eikón*, que significa imagem no sentido mais amplo. A sua origem e proliferação remontam ao século V, no Mosteiro de Santa Catarina do Sinai, no Egito (figura 21 – Caderno de Imagens, p. 188). Egon Sendler, mestre de Pastro no estudo de ícones, afirma:

> Seu estilo nos lembra os retratos funerários que o mundo helênico, e em particular os egípcios do primeiro século, colocavam nos sarcófagos dos seus mortos. Foram encontradas várias pinturas a encáustica em afrescos de primitivas igrejas cristãs nas regiões do Fayum, perto do lago de Moeris, no sul do Egito e Sudão... O ícone perfeito é Jesus Cristo, imagem do Pai. Porém, todo ícone tem como finalidade fazer reviver o Mistério da Salvação, através da purificação dos sentimentos, e ao aproximar-se da divindade. O ícone é toda uma liturgia sintetizada em uma pintura (*apud* PASTRO, 1993: 216 e 217).

Para a história da arte, a palavra ícone se refere à pintura sacra realizada sobre uma tábua de madeira, com técnica particular e segundo uma tradição de séculos. Quem realiza o ícone é denominado iconógrafo, porque se diz que se escreve o ícone, não que se pinta o ícone. Ele só realiza imagens ligadas ao culto, à liturgia e, eventualmente, para a casa dos fiéis. Na execução, o iconógrafo passa por períodos de jejum, com orações específicas e procedimentos para a benção dos materiais a serem usados; para finalizá-lo, há a celebração da missa sobre os ícones recém--realizados colocados no altar. Nunca recebem a assinatura do artista, mas existe a identificação da autoria pelas características particulares de expressão plástica de cada um que o realiza, sobre os cânones tradicionais. Jamais é feito em série.

A composição do ícone está em íntima relação com a teologia cristã ortodoxa: o fundo é despojado, sem desenhos, de onde emana a luz, ela parte do quadro. Não há perspectiva nem realismo. São utilizados modelos de representação cunhados pela tradição, que são estritamente seguidos. Um desses modelos é a "Sagrada Face de Edessa", tida como de 28 d.C., denominada também sagrada face Aqueropita, que significa "não pintada por mãos humanas". Ela teria sido impressa milagrosamente numa toalha originaria da cidade de Edessa, atual Urfa, na Turquia, e o rosto de tez morena, olhos e cabelos escuros determinou boa parte da iconografia cristã do primeiro milênio (figura 22 – Caderno de Imagens, p. 188).

O ícone tem um lugar central nas celebrações litúrgicas e específico no edifício da igreja, sendo beijado e reverenciado. Nas Igrejas Orientais Cristãs, existem doze festas litúrgicas anuais, com seus correspondentes ícones. A partir do segundo milênio, o ícone foi abandonado pela Igreja Católica Romana e permaneceu nas Igrejas Cristãs do Oriente. Claudio Pastro, em seu trabalho, retoma o ícone como modelo, sem jejuns, orações e os ritos associados, fazendo uma releitura estilizada dos mesmos, como se observou no *Cristo do 3º Milênio* (figura 17 – Caderno de Imagens, p. 185), confrontado ao ícone original que inspirou esta obra (figura 16 – Caderno de Imagens, p. 185).

A representação do Cristo Pantocrator, que carrega o evangelho nas mãos, o difusor da revelação divina, tem seu original no Mosteiro de Santa Catarina do Sinai, no Egito (figura 21 – Caderno de Imagens, p. 188), já citado. Este Cristo não está crucificado em sofrimento, mas sereno e dominante na sua colocação no espaço da igreja. O Cristo Pantocrator é recorrente na obra de Pastro, assim como Cristo representado como pastor com suas ovelhas. Raramente se vê a figura do Cristo crucificado.

Outra característica arquitetônica da igreja basilical que Claudio abraça é o uso de afrescos, não enquanto a técnica original de pintura "a fresco" (parede com massa ainda úmida), e sim com uma pintura feita diretamente sobre as paredes, destacando-se de um fundo neutro ou contrastante. Este afresco parte dos ícones e do repertório simbólico dos desenhos das catacumbas, recebendo um tratamento e estilização contemporâneos.

O desenvolvimento da representação de Cristo, assim como de outros "modelos" da arte cristã, durante o Renascimento e posteriormente até o final do século XIX, são excluídos por Claudio Pastro como fonte de inspiração. Eles seriam uma decadência da arte sacra, que teria derivado para arte religiosa, segundo os conceitos expostos no capítulo 2.

O questionamento das normas acadêmicas nas artes plásticas a partir do movimento impressionista, depois com as vanguardas do início do século XX na arte – Expressionismo, Fauvismo, Cubismo, Futurismo, Dadaísmo, Surrealismo, Suprematismo, Neoplasticismo, Construtivismo, entre outros –, trazem um novo paradigma, que foge da ideia de realismo assim como dos cânones de como representá-la. Segundo Pastro, falando dos representantes destas vanguardas e movimentos, "todos esses homens,

102   CÉSAR AUGUSTO SARTORELLI

e tantos outros, buscavam O Essencial numa sociedade que se secularizava, materialista e ateia" (PASTRO, 1993: 177).

A presença do repertório destas vanguardas, através de vários artistas de renome, pode bem ser notada pelas imagens (figura 23 – Caderno de Imagens, p. 189) reproduzidas e colocadas lado a lado no trabalho de Rosalva Trevisan Trigo (2001). Observando-se as imagens lado a lado de obras plásticas de artistas destas denominadas vanguardas e algumas de Claudio Pastro, pode-se observar como existem similaridades na composição e desenho de ambas as obras, deixando clara uma influência, não necessariamente citação, mas uma apropriação do repertório destes artistas, como Paul Gaugin, Henry Matisse, Gustav Klimt[1] e Marc Chagall.

Na construção de seu repertório, ele deu um salto em cerca de 500 anos de história da arte. A pergunta que suscita é se os artistas das vanguardas do século XX e contemporâneos teriam realizado seus trabalhos sem os 500 anos anteriores de desenvolvimento da arte.

A partir do Renascimento, veremos a escultura tomando um lugar mais proeminente no espaço das igrejas, assim como a representação realista, e não mais simbólica e estilizada, do repertório iconográfico cristão. O "ser humano" passa a ser o modelo e, conforme o "estilo", que reflete a concepção de cada época, será traduzido e refletido nas representações, outrora fixadas em cânones mais restritos da iconografia tradicional. No barroco, esta mesma representação do homem vai adquirir nuances expressivas mais intensas, o realismo do Renascimento começa a ter sombras

---

1   Pastro cita em entrevista que a escola de Beuron de arte sacra influencia o trabalho de Gustav Klimt, que acaba sendo reelaborado por Pastro numa circularidade de arte sacra influenciando arte laica que é relida como arte sacra novamente.

e distorções de perspectiva em nome do *zeitgeist*[2] barroco. O neoclássico, calcado nos modelos acadêmicos em pintura, retoma regras de um suposto realismo, que permanecem estáveis como normas, até receberem a reação das vanguardas em arte do final do século XIX e início do século XX. Esta reação ao "realismo" da academia é uma consequência, entre outras razões, da fotografia, que ocupa num primeiro momento este papel de representar "a realidade", libertando a pintura desta função. A arte não precisa mais ser espelho do real, o que nunca foi, porque sempre linguagem trabalhando sobre impressões do real. Basta pensar na perspectiva, que seria técnica de expressão supostamente realista, sistematizada pelos artistas renascentistas. Esta liberdade para o simbólico será marca do trabalho de Pastro.

Suas duas grandes influências nas artes plásticas, reelaboradas e ressignificadas na sua fatura, são o ícone bizantino e as vanguardas de arte do final do século XIX e início do século XX.

Arquitetura românica e contemporânea: um casamento de idades diversas e elementos comuns

Retomando a história dos locais de culto cristãos e sua arquitetura, além das catacumbas havia encontros litúrgicos nas casas particulares de romanos abastados, denominados pelos arqueólogos de *ecclesia domestica* (assembleia litúrgica), e no final do século II surgem as *domus ecclesiae*, casas dedicadas exclusivamente ao uso da Igreja, e o seu primeiro espaço estritamente público. As *domus ecclesiae* já traziam elementos da basílica posterior: a

---

2   Do alemão "Zeit", época, e "Geist", espírito, mente, segundo dicionário Michaelis, de onde *Zeitgeist* significar "espírito de época".

pia batismal, um salão maior para catequese e uma sala ampla para a eucaristia. Posteriormente, com Constantino, como já citado, começam a ser reutilizadas e depois construídas, as basílicas cristãs. Alguns templos como o Panteão em Roma, antes consagrado a vários deuses romanos, também foram utilizados pelos cristãos, mas a basílica foi o modelo que se proliferou. Posteriormente há uma gradativa transformação da basílica, que anuncia a etapa posterior da arquitetura românica. Ela começa a existir, pelos estudos de arquitetura, nos séculos VII d.C., com poucos exemplares encontrados sem modificações posteriores. As conclusões sobre sua arquitetura original pertencem ao âmbito da arqueologia arquitetônica. Paulatinamente, o estilo românico vai se firmando entre o final do século X e a segunda metade do século XI, com exemplares ainda hoje presentes em maior número. As colunas da basílica são substituídas por pilares, surgem arcos delimitando as galerias laterais, e ela se torna coberta por telhados. As paredes são espessas e as janelas pequenas frente ao corpo do edifício, sendo fechadas com lâminas de alabastro, criando uma atmosfera de penumbra. Na abside do altar há uma seteira apontando para o oriente, pois a "salvação vem do Oriente", da Jerusalém terrestre (figura 24 – Caderno de Imagens, p. 190).

Ela é feita em pedra, sem grandes ornamentos, a não ser afrescos e mosaicos. São sólidas e de volumes muito claramente delimitados. Existia uma economia de volumes, que se relacionava com as limitações técnicas da construção em alvenaria de pedra ou cantaria de pedra (pedras cortadas e sobrepostas em encaixes com ou sem argamassa). A luz só penetrará novamente com efusão nas igrejas góticas no século XII.

A apologia que Pastro faz da arquitetura das igrejas românicas se deve ao fato de que era uma arquitetura unificada tanto nas construções do Ocidente quanto do Oriente. O gótico já dá início a uma arquitetura presente só na Igreja Ocidental, após o "Cisma do Oriente", a cisão entre Igreja Ocidental e Oriental em 1054. A luminosidade do gótico foi permitida pelos arcos ogivais, abrindo as paredes para janelas e vitrais. Esta mesma luminosidade estará presente na obra de Pastro, porque contemporaneamente se valoriza o edifício de culto bem iluminado. Neste sentido, ele não pode usar do românico como era construído na sua época original, ele acaba relendo o desenho espacial do românico com técnica de construção contemporânea. Depois do gótico temos o Renascimento, que cria a arquitetura de fachada, dissociada do resto do edifício, e em muitas obras de Claudio a questão da fachada principal vem à tona, porque é do "inconsciente construtivo contemporâneo" assim tratá-la. Antes, a fachada decorria da concepção geral, não havia tratados de fachadas à moda greco-romana. No Renascimento, se colocava uma nostalgia da Antiguidade Clássica greco-romana, e Pastro também procura uma nostalgia da arquitetura românica anterior. Ao mesmo tempo, o homem começa a ser novamente centro da concepção de mundo, em detrimento da visão teológica anterior. O Barroco que sucede ao Renascimento vai traduzir-se na profusão de ornamentos e, ao seu final, no estilo rococó, ainda mais ornamentado, até que ocorre uma reação que é o estilo neoclássico, retomando a nostalgia da Antiguidade greco-romana, na forma da nostalgia do Renascimento, mas que já carrega um uso maior de ornamentos remanescente do Barroco. São retomadas as releituras de momentos históricos da arte e arquitetura, porque a técnica muda pelo seu desenvolvimento e a concepção de mundo também. Após o neoclássico temos o Romantismo, que através de nomes como Johann Wolfgang Goethe e John Ruskin, se traduz numa nostalgia de uma Idade Média idílica, um retorno ao campo, por contraposição ao crescimento das cidades após a Revolução Industrial. A cidade modelo dos românticos era Veneza, porque nela não se encontram construções renascentistas, ela passou "batida" pelo Renascimento, por ter uma influência muito maior do Oriente devido à particularidade de sua dinâmica como cidade-Estado. Foram os românticos que transformaram Veneza de cidade de prazer, que foi o que se tornou em sua decadência, para cidade romântica, para o que muito contribuiu o livro *The Stones of Venice*, de John Ruskin, publicado em 1853.

Neste sentido, a nostalgia de Claudio Pastro pelo primeiro milênio e sua negação do Renascimento é romântica. Depois do Romantismo que deu a base conceitual para várias características da arquitetura moderna, em especial na valorização e humanização do trabalho do artesão, sucede-se o ecletismo do final do século XIX. Este ecletismo será, junto com o Barroco, forte influência na iconografia religiosa brasileira popular e em seu imaginário. Pastro se opõe a este imaginário fortemente, colocando-se junto com o "projeto moderno" em arquitetura neste sentido. Cada uma destas etapas da arquitetura teve sua correspondência nas artes plásticas e, a partir do Renascimento, veremos a escultura tomando um lugar mais proeminente no espaço das igrejas, assim como a representação realista, e não mais simbólica e estilizada, do repertório iconográfico cristão. Como já observado anteriormente, o ser humano em forma realista passa a ser o modelo e terá uma representação adequada às características

O ESPAÇO SAGRADO E O RELIGIOSO NA OBRA DE CLAUDIO PASTRO   107

dos estilos que surgirem. Estas etapas posteriores da arquitetura são consideradas irrelevantes em termos de arte sacra para Pastro, com exceção do "projeto moderno".

A Modernidade em arquitetura, assim como a arquitetura românica, tem em comum uma unificação. A românica no fato de haver uma unificação das Igrejas do Oriente e do Ocidente de fato, o que acarretava uma unidade de linguagem espacial, levando em conta que o mundo conhecido, o internacional na época, se situava nos limites do Império Romano na visão ocidental. A Modernidade tinha um projeto de reconstrução da arquitetura, num mundo já industrializado e unificado pelo desenvolvimento da técnica, tentando integrar artesanato e produção industrial, num padrão que poderia ser utilizado internacionalmente. A base da construção deste "projeto moderno" era a Europa, herdeira do legado do Império Romano.

Quando do advento da Modernidade, o ecletismo se caracterizava pelo uso intenso de ornamentação, que entrava em contraste com as artes aplicadas (design de móveis, de utensílios domésticos, papel de parede, tapetes etc.) e artes plásticas. Havia uma sucessão de neoestilos: neogótico, neocolonial, neoclássico. A unificação entre o design da cidade pelo planejamento urbano, do que encerrava o interior do edifício e dos próprios edifícios, era a proposta de ruptura com o ecletismo e afirmadora do "projeto moderno", bem exemplificado pelo programa da Bauhaus:

> A construção completa é o objetivo final das artes visuais. Sua função mais nobre, numa época, foi a decoração dos edifícios; hoje, estes sobrevivem em isolamento, do qual só podem ser retirados com os esforços conscientes e coordenados de todos os artífices.

> Os arquitetos, os pintores e os escultores devem reconhecer o caráter compósito do edifício como uma entidade unitária. Só então seu trabalho se embeberá do espírito arquitetônico que agora, como "arte de salão", ele perdeu (BENEVOLO, 2001: 404).

Surgida na Alemanha após o fim da I Guerra Mundial, em 1919, a Bauhaus foi um dos paradigmas da construção do "projeto moderno", e tinha a intenção de reconstruir uma Alemanha destruída, retomando a base do artesanato e procurando casá-la com o mundo industrializado. Existia uma utopia de conciliar a criação e a democratização do design e da arquitetura, num projeto adequado à sociedade de sua época. O ecletismo que lhe antecedeu seria anacrônico, como pode-se ver ainda em seu programa:

> Uma nova pedagogia, baseada no trabalho de grupo, pôde propor-se a inserir aos poucos o artesanato na indústria, e com isso recuperar os valores da antiga tradição artística – que se manifestaram historicamente num trabalho deste tipo – e introduzi-los no ciclo vital da sociedade moderna, retirando-lhes ao mesmo tempo qualquer característica de classe, de modo que toda a sociedade participe deles (BENEVOLO, 2001: 406).

Outro aspecto da Escola Bauhaus que acabou sendo eclipsado pelo desenvolvimento posterior do "projeto moderno", que se encaminhou para uma visão racional funcionalista, oposto à procura de uma adequação com o "espírito da época", em que se veem aspectos espirituais. Estes aspectos são tratados como princípios de trabalho, herança do Expressionismo, do qual participaram vários de seus professores, como Vassily Kandinsky,

Paul Klee e seu diretor Walter Gropius. Era como que uma tentativa de recuperar a "alma coletiva alemã", com antecedentes no Romantismo, numa Alemanha massacrada pelas derrotas da Primeira Guerra Mundial:

> O espírito dominante em nossa época já é reconhecível, embora sua forma ainda não se tenha claramente definido. O velho conceito dualístico do mundo, que colocava o indivíduo em oposição ao universo, vai rapidamente perdendo terreno. Em seu lugar está surgindo a ideia de uma unidade universal na qual todas as forças opostas estão em estado de absoluto equilíbrio. Este reconhecimento inicial da unidade essencial de todas as coisas e de suas aparências confere ao esforço criador um significado interno fundamental. Nada pode existir isoladamente. Percebemos todas as formas como encarnações de uma ideia, cada objeto trabalhado como manifestação de nossa íntima personalidade. Somente um trabalho produzido por um impulso interno pode ter significado espiritual (BENEVOLO, 2001: 410).

Esta busca da essência espiritual do "projeto moderno", numa recuperação da "alma coletiva alemã", tratada como um reconstrução e reunificação da sociedade contemporânea industrializada somada a um patrimônio artesanal, num sentido supranacional, se adequa à procura de Pastro pela recuperação de um sagrado na arte e arquitetura, que estava, segundo ele, em decadência. A unidade entre o edifício e a arte que ele encerra também se adequa ao "projeto moderno", afinal, "numa obra de arte, as leis do mundo físico, do mundo intelectual e espiritual funcionam e são expressas simultaneamente" (BENEVOLO, 2001: 410).

Seu trabalho se apropria deste "projeto moderno" com um viés pessoal, na medida em que ele recupera o iconógrafo artesanal e a arquitetura românica, também vinda de um passado unificado anterior ao Cisma do Oriente, mas inseridos em projetos que primam pela ausência de ornamentos "supérfluos", porque não preenchem a necessidade de unidade. Os ornamentos não desenhados pelo artista criam ruídos na sua utopia organizada. Tanto que sempre que interviu em reformas de igrejas e capelas, ele primeiramente promove uma limpeza formal, retirando ornamentos, enfeites, relevos etc., e cria superfícies com cores unificadas como base, sobre as quais realiza suas pinturas, redesenhando o "mobiliário de culto", em nome novamente de unificar o espaço em todas as suas possibilidades de interferência visual. O resultado tem o ganho da unidade e a perda da singularidade, porque a marca do artista arquiteto é suprarregional, como o "projeto moderno". Essa narrativa se tornou dominante primeiro no ensino de arquitetura no Brasil, e depois no senso comum das elites intelectuais do país, associado à construção de uma identidade nacional. Era uma utopia positiva de progresso, por vezes autoritária, por negar o que lhe antecedia ao colocar-se como ponto culminante de um processo histórico evolutivo, e também por sobrepor-se às culturas locais.

Arquitetos brasileiros: Oscar Niemeyer, Lina Bo Bardi, João Filgueiras Lima

Seus arquitetos brasileiros prediletos, segundo seus livros e também por depoimento em entrevista, são três grandes nomes do "projeto moderno" no Brasil: Oscar Niemeyer, Lina Bo Bardi e João Filgueiras Lima (figuras 15, 25 e 26 – Caderno de Imagens, p. 184-190-191). Estes arquitetos, apesar da fama, fizeram muitos projetos e poucas igrejas. A Igreja Católica no Brasil foi muito refratária aos projetos modernistas, resistindo no padrão da basílica e não consagrando igrejas em formatos diferenciados, como a de São Francisco, na Pampulha, em Belo Horizonte, de Niemeyer, que demorou a ter sua primeira missa. A Catedral de Brasília, outro projeto de Niemeyer, curiosamente foi o último edifício da esplanada dos Ministérios a ser terminado (em 1970). Nela Pastro aprova o projeto, a transição do corredor escuro de entrada para a luminosidade plena do interior, mas não os anjos dependurados do teto, humanizados, esculturais, releituras dos barrocos.

Se ponderarmos um pouco sobre a história do edifício da igreja no Brasil, vemos que em quatro séculos ela esteve ligada ao Estado, de certo modo distante do Vaticano, com um catolicismo popular arraigado, irmandades de leigos, santuários, capelas em sua maior parte no campo. Só com a República se torna independente e se volta para Roma, e esta romanização da Igreja Brasileira se dá com atrito frente ao catolicismo popular, as irmandades, os santuários, quase como uma "intervenção" de ordens de origem europeia, com vários padres estrangeiros, sobre a comunidade cristã que mantinha estes santuários. Não é de se estranhar que este tardio retorno a Roma se traduzisse em um conservadorismo em arte e arquitetura, que permanece até hoje.

Voltando aos arquitetos modernistas, temos Lina Bo Bardi. O exemplar da obra de Lina é seu processo de trabalho, que se apropria do conhecimento vernacular de arquitetura das comunidades e operários que realizam a construção de suas obras. Oriunda de uma vertente da arquitetura mais próxima das Belas Artes que da

112 CÉSAR AUGUSTO SARTORELLI

engenharia, ela concebe em desenhos com aspecto ingênuo excelentes soluções de projeto. No decorrer da construção o desenho se altera em função de intervenções dos pedreiros em diálogo com a arquiteta. Um de seus projetos na periferia de Uberlândia foi construído em sistema de mutirão, que nas declarações de Lina,

> de modo algum foi um projeto elaborado em um escritório de arquitetura e enviado simplesmente para a execução, pois houve um contato fecundo e permanente entre arquiteto, equipe e o povo que se encarregou de realizá-lo (SANTOS, 1989: 43).

O resultado é que em muitos de seus projetos entram elementos de raiz cultural africana e indígena, que são caros a Pastro. Eles são, no entanto, qualificados através do "know-how" de sua formação estética, gerando a seguinte situação:

> A sofisticação da forma final do edifício, dos recursos utilizados para e encenação do espaço da igreja propriamente dita... a sofisticação estrutural, que teve de ser traduzida com clareza para uma mão-de-obra não especializada, é feita de telhas de barro, chão de cimento, estrutura de madeira, paredes de bloco revestidas de cimento, estrutura de madeira, paredes de bloco de cimento em terra. Enganam-se, portanto, os que confundirem simplicidade e pobreza de meios com "pobreza" de projeto. A igreja impõe-se no seu meio, pela própria força desse projeto, criando uma referência importante e uma identidade para o bairro (SANTOS, 1989: 44).

Simplicidade com sofisticação espacial, apropriação do conhecimento vernacular com repertório erudito, da mesma maneira que João Filgueiras Lima construiu uma capela no bairro de Alagados em Salvador. Na obra de Pastro existirá esta procura em alguns projetos, muito por influência da sua leitura de aproximação da liturgia ao fiel do Concílio Vaticano II, procurando esta identidade cultural através desta apropriação da arquitetura vernacular, mais próxima da realidade das comunidades onde se construíam as igrejas. Claro que esta arquitetura vernacular se sofistica pelo conhecimento do arquiteto, que se apropria do repertório da comunidade e o organiza num desenho e numa espacialidade mais elaborados. Logo, são traduções de um repertório vernacular com um olhar de arquitetura moderna.

Estas excelências vão na contramão da tendência geral da arquitetura das igrejas no Brasil até período recente, que com a corrente progressista da Igreja Católica balizava:

> A construção de novos templos é um problema muito claro para essa Igreja. Por um lado, ela segue de perto as determinações do Concílio Vaticano II, segundo o qual não se deve gastar na construção de igrejas um dinheiro que poderia ser usado para a solução de problemas assistenciais e sociais (SANTOS, 1989: 47).

Desta restrição Pastro se ressentiu, porque seu trabalho tem uma sofisticação que não se coaduna com a ideia de que

> uma sala de reuniões resolve o problema de espaço de uma paróquia... Quando o profissional é chamado, trata-se basicamente da construção de capelas e pequenos conventos, que, por coincidência ou não, casam-se

perfeitamente com as novas soluções de projeto apresentadas e com uma nova discussão arquitetural que vem se firmando (SANTOS, 1989: 47).

É neste último nicho de trabalho que Pastro se inseriu.

Concílio Vaticano II

O Concílio Vaticano II é marco dentro da renovação litúrgica, em razão de que, sendo a liturgia fator determinante do uso do espaço da igreja, ele também implicou em modificações das normas de sua concepção arquitetônica. A nova orientação, em documento de 1964 do Concílio, sugeria, nas palavras de Laíde Sonda, assessora nacional de arte sacra da Conferência Nacional dos Bispos do Brasil, "uma celebração mais ativa e em um ambiente mais simplificado que auxiliasse a liturgia". Além disso:

> antigamente, o padre celebrava a missa de costas e em latim. Muitos fiéis não entendiam. Para manter viva a própria fé, começaram a criar práticas individuais, como rezar o terço. Surgiram capelas dentro das igrejas, vitrais, afrescos. Mas a limpeza de hoje leva ao encontro de Deus de uma forma mais introspectiva (SONDA, 2003: 48).

Quando ela se refere à limpeza, está tratando de limpeza formal (de excessos na sua concepção) do espaço interior e do projeto das igrejas. Laíde foi colaboradora de Pastro em vários projetos, entre os quais o do Santuário da Vida em São José do Rio Preto, que será melhor comentado no capítulo 4.

Laíde Sonda é referência importante na arquitetura e arte sacra brasileiras porque está dentro, e muito bem situada, da hierarquia da Igreja, além da formação acadêmica na Universidade Mackenzie. Ela conduz um processo contínuo de transmissão de suas concepções de arte sacra e espaço litúrgico, em curso sobre o assunto que acontece anualmente desde 2004, que deu origem a um grupo de discussão na internet, onde se aglutinam atualmente intelectuais, artistas e arquitetos, além de membros do clero interessados no assunto.

Podemos observar no site da Comissão de Arte Sacra da CNBB as referências ao espaço litúrgico relacionadas às resoluções do Concílio Vaticano II, nos comentários sobre o altar:

> O centro da fé cristã é o Mistério Pascal de Cristo, sua total entrega por nós, confirmada pela Ressurreição e dom do Espírito. O altar representa (traz-nos sempre presente à memória) este Mistério, Sua entrega total por nós, ontem, hoje e sempre. Em torno do altar reúnem-se os fiéis para participar do banquete pascal. É importante que a mesa seja uma peça sólida e estável. Ela pode ser em pedra, madeira, concreto, ferro, evitando-se imitações destes materiais.
>
> O altar deve ocupar um lugar que seja o centro, para o qual a atenção de todos os fiéis naturalmente se dirija buscando sua participação. Evite-se todo distanciamento em relação à assembleia.
>
> O altar não precisa ser muito grande, pois independe do tamanho da igreja. A altura varia entre 90 cm e 1 m. Para a largura, 70 ou 80 cm são suficientes para se alcançar os objetos na outra extremidade. O comprimento pode variar de 1m até 2m.

116 CÉSAR AUGUSTO SARTORELLI

Segundo a *Instrução Geral sobre o Missal Romano*:

296. O altar, onde se torna presente o sacrifício da cruz sob os sinais sacramentais, é também a mesa do Senhor na qual o povo de Deus é convidado a participar por meio da Missa; é ainda o centro da ação de graças que se realiza pela Eucaristia.

298. Convém que em toda igreja exista um altar fixo, que significa de modo mais claro e permanente Jesus Cristo, Pedra viva (1Pd 2,4; cf. Ef 2, 20); nos demais lugares dedicados às sagradas celebrações, o altar pode ser móvel. Chama-se altar fixo quando é construído de tal forma que esteja unido ao pavimento, e não possa ser removido; móvel, quando pode ser removido.

301. Segundo tradicional e significativo costume da Igreja, a mesa do altar fixo seja de pedra, e mesmo de pedra natural. Contudo, pode-se também usar outro material digno, sólido e esmeradamente trabalhado, a juízo da Conferência dos Bispos. Os pés ou a base de sustentação da mesa podem ser feitos de qualquer material, contanto que digno e sólido. O altar móvel pode ser construído de qualquer material nobre e sólido, condizente com o uso litúrgico e de acordo com as tradições e costumes das diversas regiões.[3]

E sobre o ambão ou púlpito:

A Constituição sobre a Sagrada Liturgia, do Concílio Vaticano II, afirma: Cristo está presente "pela sua palavra, pois é Ele mesmo que fala quando se leem as Sagradas Escrituras na Igreja" (SC 7).

---

3 Disponível em: <http://www.comissaoartesacra.org.br/liturgia/index.htm>. Acesso em: 25 maio 2005.

Sendo a Palavra uma só, o ambão também deve ser único. Ele pode ser fixo ou móvel. É importante ter estabilidade e não ter aparência frágil. A dimensão da base pode ser de 40x30 cm. A altura é sempre a mesma, com uma inclinação para facilitar a leitura; a parte mais baixa pode medir 1,10m e a mais alta, 1,20m. A fim de facilitar a visão da assembleia, se o local for muito grande, pode ser colocado num estrado. Não deve haver dois móveis iguais, mas diferentes: um para a Palavra (ambão) e outro para os comentários (estante). Para a estante móvel, deve-se prever outro local, fora do presbitério.

Os mesmos princípios do Concílio Vaticano II também acabaram compreendidos e utilizados de maneira diversa pela corrente denominada Igreja Progressista e pela Teologia da Libertação, resultando numa arquitetura empobrecida, mais preocupada em ter espaços de reunião práticos, perdendo a perspectiva estética e catequizadora da arte e arquitetura sacras. A arquiteta Regina Céli de Albuquerque é exceção que confirma a regra, atuando junto a esta corrente requalificando o espaço empobrecido formalmente, com princípios similares ao de Pastro e contando com sua colaboração como artista.

Os três – Pastro, Laíde e Regina – têm similitudes no resultado final do trabalho de concepção arquitetônica e artística, porém a sequência de nomes reflete a quantidade e qualidade do resultado final, com clara superioridade de Pastro.

Após observamos a sequência de desenvolvimento histórico da arte e arquitetura sacras cristãs, até a contemporaneidade brasileira, pode-se observar como Claudio Pastro acabou por criar uma concepção de projeto original, unificadamente moderno, tanto na arte sacra quanto no projeto de espaços litúrgicos, como ele próprio define sua atuação. A sua concepção é original pela característica de reler tanto o românico casado com a proposta do "projeto moderno" de arquitetura, como também por associá-la a uma releitura da arquitetura vernacular. Irá citar como influência os arquitetos Lina Bo Bardi e Filgueiras, que assim procederam como Le Corbusier na Capela de Ronchamp, citada na página 23 deste livro como tendo "um mistério no interior e o exterior é quase cópia das casas do campo francês". Também relê o ícone bizantino casado com a influência da vanguarda das artes plásticas do século XX, como Matisse fez nos seus desenhos da Capela do Rosário em Vence, acrescido de elementos de cultura popular e de raízes na cultura afro-brasileira e ameríndia. Há uma somatória entre as propostas de limpeza formal embutidas nas normas da Comissão de Arte Sacra da CNBB, onde Laíde Sonda tem influência, que caminham na mesma direção de Claudio Pastro, que foi pioneiro no cenário de arte sacra católica brasileira. No próximo capítulo analisamos algumas de suas obras, e como elas demonstram a transformação dos conceitos de Pastro sobre arte e arquitetura sacra.

Capítulo 4

Nove obras relevantes

No primeiro capítulo expus a biografia intelectual de Pastro com sua produção artística e teórica. No segundo discuti as fontes de seu pensamento e no terceiro suas influências no ofício de artista e arquiteto, para poder chegar a um fecho mais adequado do estudo sobre a sua obra, através da maneira como se casam seu pensamento e seu trabalho prático. Nesta direção, vamos dar início à análise de uma seleção de nove obras exemplares e relevantes de sua produção.

Capela do Mosteiro Nossa Senhora da Paz – Itapecerica da Serra, São Paulo, 1984 (figura 27)

Obra do início de sua atuação como arquiteto vernacular, foi sua primeira reforma de espaço completa, onde estabeleceu sua "gramática visual" na junção de ambiente interior, mobiliário e pintura de afrescos, assim como objetos litúrgicos. Este mosteiro tem como abadessa uma de suas grandes formadoras em teologia, liturgia e estética, Madre Dorotéia Rondon Amarante. A arquitetura do edifício não é sua. Esta "gramática visual" tem suas normas assim definidas:

122 CÉSAR AUGUSTO SARTORELLI

Devem ser colocadas as peças essenciais à liturgia no presbitério (ou santuário), que são quatro:

1. Altar – Elemento central, representa a "pedra do sacrifício" (PASTRO, 1999: 68);

2. Ambão ou mesa da Palavra – Local de onde se faz a liturgia da palavra, "evoca a presença viva do Senhor falando para o seu povo" (SILVA, 2004);

3. Sédia ou cátedra – A cadeira do padre ou bispo que preside a liturgia e representa Cristo, que estaria presente de maneira invisível. Até o primeiro milênio o evangelho era colocado nesta cadeira;

4. Cruz Processional – Pequena, sobre uma haste, é carregada em procissão apenas nos domingos e nas festas antes da Missa e fincada no seu lugar. "Sinal de Vitória, como um estandarte, vai à frente da procissão e indica-nos que é o Cristo morto e ressuscitado, o Vitorioso, quem dirige toda a ação naquele lugar e aquela comunidade durante a semana" (PASTRO, 1999: 68-69).

Sobre paredes, despidas de relevos e ornamentos, se fazem afrescos.

- Toda Igreja é sobremaneira local de celebração do mistério pascal e sempre a principal pintura, a de fundo do altar, deve ser feita com Cristo ao centro, regra geral o Cristo Pantocrator. Nossa Senhora e Santos devem ser representados nas capelas e oratórios laterais, como coadjuvantes.

- As peças do presbitério (altar, ambão e sédia) devem ser fixas, do mesmo material, e de preferência de uma única pedra "pelo sentido daquilo que representa: O Cristo, O Ungido" (PASTRO, 1999: 252).

- "... não se deve colocar nada sobre o Altar (o Altar é Cristo) nem mesmo a toalha do Altar. Sobre o altar após a Liturgia da Palavra, abre-se um grande corporal (= toalha), coloca-se o cálice, a patena e o Missal. É tudo" (PASTRO, 1993: 253).

Depois se retira o que foi colocado: "O altar terá somente gravado sobre eles as 5 cruzes de consagração que correspondem às cinco chagas do Cristo Ressuscitado" (PASTRO, 1993: 254).

Ele deve ser feito de forma quadrada, retangular ou circular. Haverá um degrau ou diferenciação do presbitério de modo a destacá-lo. Qualquer outro elemento de decoração ou imagem deve ser retirado da Igreja para não desviar a atenção dos fiéis aos elementos essenciais (altar, ambão, sédia, cruz processional, imagem de Cristo).

Capela do Seminário Diocesano – Manaus, Amazonas, 1988 (figura 28)

Neste trabalho, Pastro se inspirou nas cabanas indígenas, conforme depoimento do artista em entrevista; ele procurou apropriar-se de elementos da cultura ameríndia, não só no seu desenho e pintura, mas também na concepção da arquitetura do edifício pela primeira vez. Ela tem paredes de formato oval em tijolo revestido com estuque, com telhado de duas águas em telhas de barro e pilares feitos em pau-ferro.

Não houve recorrência desta postura em futuros trabalhos. Segundo depoimento do artista, porque há muita resistência, da parte dos padres e das comunidades, em aceitar esta herança cultural indígena.

Há antecedentes históricos que reforçam a dificuldade de se aceitar o elemento indígena e toda a carga cultural que nos acompanha na formação de nossa identidade brasileira. A historiografia, que após a independência desempenhou o papel de dificultar este entendimento, criou uma narrativa na qual a cultura portuguesa e a africana trouxeram as bases de nossa formação cultural, e a cultura indígena não acrescentou nada. Esta postura teve decorrências outras: mesmo trazendo elementos de nossa formação, a cultura africana e seus agentes históricos eram encerrados no mito do "negro no tronco", a vítima, não um agente, que teve seu resgate histórico recente. A porção indígena de nossa formação somente há poucos anos começa a ser tratada como fruto de agentes históricos também, e não somente indivíduos "primitivos", que não tendo cultura escrita não poderiam ser resgatados.

O estudo da documentação histórica e dos achados arqueológicos, com uma abordagem que procura entender como sucedeu este confronto – e simbiose também – entre elementos da cultura do português, do africano e do indígena, está começando a transformar pouco a pouco um senso comum de depreciação da cultura indígena, pouco compreendida enquanto parte intrínseca de nossa identidade brasileira. Os padres, que muitas vezes não primam por se excluir do senso comum, devido a deficiências pessoais e de formação, acabam também oferecendo resistência a aceitar esta herança, e no caso de Manaus a situação aconteceu porque Pastro trabalhou com segmentos mais esclarecidos do clero. Entramos em outra questão, onde o clero mais esclarecido tem muitas vezes uma postura elitista, que levou Pastro a optar pela estilização do bizantino e diluir os elementos afro-brasileiros e ameríndios de suas composições para conseguir trabalhar. Como ele mesmo declara:

> No início – eu comecei quando eu tinha cerca de 20 anos de idade –, eu buscava uma arte muito indígena e africana, bem primitiva. Eu queria caminhar naquela linha, porque não podia entender que o cristianismo no Brasil não pegou essa espiritualidade dos nossos índios e negros. Mas, assim que eu comecei a trabalhar, a Igreja Católica me podou. Eu tenho de trabalhar para sobreviver, e as pessoas queriam aquela coisa melodramática, bonitinha, chorosa. Então, não pude avançar nesta área. Quando eu faço exposições na Europa, até que entro por aí. Os europeus se sentem felizes e compram adoidados. Mas aqui eu não posso nem ousar.[1]

Catedral de Santa Ana – Itapeva, São Paulo, 1988 (figuras 29, 30 e 31)

A Catedral é um imóvel de interesse histórico, datada do século XVIII e com intervenções finais no início do século XX. Feita em taipa de pilão, foi documentada pelo pintor Jean

---

1 Entrevista à revista *Planeta*. Disponível em: <http://www.terra.com.br/planetaweb/350/materias/350_imagens_do_sagrado.htmdenomina>. Acesso em: 12 jun. 2005.

126 CÉSAR AUGUSTO SARTORELLI

Baptiste Debret no início do século XIX. Tinha originalmente uma arquitetura do barroco paulista, despojada, com piso de terra batida e forro acompanhando o telhado. Em 1924, a taipa foi revestida por tijolos, interna e externamente, as janelas quadradas neocoloniais foram transformadas em neogóticas; em 1925, o arco romano do altar-mor tornou-se neoclássico, com adornos em gesso. O edifício acompanhou os modismos e estilos de arquitetura dominantes a cada período, num sentido de senso comum, não erudito.

Foi um trabalho diferenciado de Pastro, porque implicava em tratar com patrimônio histórico, com as inevitáveis questões sobre o que derrubar, o que manter. Quais intervenções pela qualidade de seu resultado, quais períodos seriam relevantes, quais seriam supérfluas, desnecessárias? A solução adotada foi primeiramente recuperar a estrutura original e método construtivo, retirando o revestimento em tijolos sobre a taipa original. Nas suas palavras:

> interna e externamente foi retirada a maior parte dos acréscimos neoclássicos feitos em gesso ou reboco, por se oporem ao estilo geral do edifício (Basilical Barroco Colonial Primitivo Tardio) (PASTRO, 1992: 51).

À parte a extensa adjetivação, própria de um estilo afirmativo de se expressar, com imprecisões analíticas, a atitude de Claudio é a mesma que adotaram vários arquitetos ligados ao "projeto moderno", que ressaltavam a verdade dos materiais e sistemas construtivos como aspectos da arquitetura que deviam ficar explícitos, sem revestimentos que os encobririam, numa reação aos excessos do ecletismo ao imitar outros estilos históricos. Também os estilos de construção colonial e barroco paulista primavam pela ausência de adereços, um pouco pela escassez de recursos de uma província pobre como era a região do atual estado de São Paulo no século XVIII, o que casava perfeitamente com a estética modernista. Seguindo nesta direção de recuperação da primeira concepção arquitetônica, foi retirado o forro reto e colocado um forro acompanhando o telhado, como na construção original, deixando o vigamento à mostra; assim como recuperado o arco original romano do altar-mor e de portas e janelas que também haviam sido modificadas para a tipologia do arco ogival gótico. As intervenções em gesso neoclássicas, de características ecléticas, foram eliminadas, deixando o espaço interior livre de ornamentos e relevos.

O piso de ladrilhos que sucedeu à terra batida original e ao assoalho de madeira foi trocado por granito rosa brasileiro, criando uma uniformidade de desenho. No altar, livre de adereços, Pastro criou um fundo que ocupou totalmente com um afresco de sua autoria, colocando a imagem do Cristo Pantocrator no centro da composição.

As capelas laterais foram refeitas pelo mesmo processo de retirar os ornamentos, os altares antigos, colocando elementos despojados desenhados pelo artista. Observa-se o altar circular, uma ousadia formal, porque para Pastro ele não precisa ser necessariamente quadrado, o importante é ser de formas elementares (quadrado, círculo ou retângulo) e de uma única peça. Foram pintados painéis no confessionário e no batistério.

Finalizando o processo, restaurou uma imagem histórica da padroeira Nossa Senhora de Santana, comprada em Hamburgo no século XIX por um fiel e doada à Igreja; instalou-a na lateral do presbitério, em destaque secundário perante o grande afresco do frontispício do mesmo.

128 CÉSAR AUGUSTO SARTORELLI

Da memória do processo histórico de transformações e acréscimos na arquitetura, restou parte da decoração das duas torres em estilo neoclássico. O interior é uma outra igreja frente ao que havia antes da reforma, que é belo, mas não tem a sentimentalidade "naif" do catolicismo popular anterior, que é assunto para a conclusão. Observa-se o antes e o depois da reforma nas figuras 30 e 31.

Capela da Comunidade de Taizé – Alagoinhas, Bahia, 1992 (figura 32)

Esta comunidade foi estabelecida pela Fundação Ecumênica Irmãos de Taizé, criada pelo suíço Roger Schultz, em 1949, na cidade de Taizé, na França. Roger foi recentemente assassinado por uma jovem muçulmana e se mantinha até então como prior do núcleo inicial. Seu propósito é a reconciliação dos cristãos. No início ela era formada por protestantes, aos quais se agregaram católicos, compreendendo atualmente 25 nacionalidades. A comunidade de Alagoinhas foi estabelecida em 1978, 12 anos após a chegada ao Brasil dos Irmãos de Taizé. Eles se instalam junto a regiões carentes economicamente, prestando serviços assistenciais, através de trabalho voluntário, e realizam encontros entre jovens para divulgar o cristianismo e a tolerância religiosa.

Nesta comunidade, Pastro criou os vitrais e os espaços internos da capela. A variável nesta obra é estar inserida numa comunidade que procura a reconciliação das correntes em que se dividiu o cristianismo, como a arquitetura românica e o ícone bizantino que unificavam a Igreja no primeiro milênio, segundo o raciocínio de Pastro. O edifício da capela também chama a atenção pela arquitetura vernacular local, concebida pela comunidade, como nos projetos de Lina Bo Bardi. O vernacular será retomado por Pastro em futuro projeto de capela na Fazenda Santa Fé. Nas suas palavras sobre a arquitetura da capela de Taizé: "Total inserção na paisagem local. Estética e materialmente é uma continuidade do casario do bairro. Extrema singeleza, acuidade simbólica e beleza" (PASTRO, 1993: 316).

Capela da Casa Provincial das Irmãs de Santo André — São Paulo (SP), 1994 (figura 33)

Este é um dos projetos prediletos de Pastro, onde ele afirma ter ousado um pouco mais. Apesar de declarar em sua cronologia de trabalho que desde 1984 realiza projetos arquitetônicos de capelas, é nesta obra que vai radicalizar os seus princípios de concepção do espaço apoiados na sua leitura do Concílio Vaticano II. Em entrevista, ele lembrou que os bancos nas igrejas são um acréscimo tardio, que se celebrava a liturgia em pé, deslocando-se pelo espaço, como até hoje acontece na liturgia das Igrejas Ortodoxas Orientais. Esta dinâmica da liturgia criava um envolvimento muito maior dos fiéis, e neste sentido o Concílio Vaticano colocava a necessidade de espaços que permitissem a retomada de tal envolvimento, fazendo o padre rezar na língua local, não mais em latim, e voltado para os fiéis, porque antes ele se voltava para o altar, sobre o "palco italiano" onde se situava o presbitério, como que para uma plateia. De início, o partido arquitetônico é de um quadrado com um círculo nele inscrito. O quadrado são as paredes laterais e o círculo é um banco, formado por um desnível do piso. Próximo ao fundo do espaço delimitado pelo círculo se situa o altar, à esquerda, já no piso elevado, o ambão, à direita e ao fundo a cruz processional, logo atrás e na lateral oposta da cruz uma pintura sobre a parede representando o "Cristo Luminoso". É um exercício de simplificação formal, à moda do modernismo mais estrito. Em termos litúrgicos, o altar está no mesmo plano que a assembleia que celebra, e somente no momento da liturgia o padre estará falando em plano bem superior do ambão. Não há a sedia para que ele se sente, ele senta no mesmo patamar dos fiéis. A pia batismal inicialmente foi colocada bem à frente da única porta de entrada, mas foi deslocada porque atrapalharia a entrada da noiva em futuras cerimônias de casamento. Esta colocação é referência às primeiras basílicas e lembra que o batismo é a entrada na comunidade cristã. Pastro comentou sobre este fato das dificuldades que enfrenta ao inovar o desenho de arquitetura em igrejas e capelas, porque fatores de ordem mundana, como um vestido de noiva, são mais importantes que a concepção de ordem litúrgica e simbólica, traduzida pelo projeto do espaço. Considero este um de seus melhores projetos, pela síntese e despojamento. Não há nada além do essencial: o ambão, o altar, a cruz do Santíssimo, a pia batismal, uma imagem em afresco na parede ao fundo. Menos é mais neste caso; há um silêncio plástico estético, o olhar lê em instantes todos os elementos colocados no espaço e sua relação entre si. Não existe uma narrativa visual longa construída pela amplidão de outros projetos seus e pela profusão de elementos no painel principal em afresco ao fundo do batistério. A pequena dimensão, aliada ao fato de ter feito o projeto completo, solto no terreno, permitiram este aconchego, onde o branco não assusta pelo excesso, e o exterior pode ser observado todo o tempo.

Capela da Instituição Adveniat – Essen, Alemanha, 1995 (figura 34)

O grande destaque desta capela é um pano de têmpera sobre fibra de juta que cobre uma parede em semicírculo, outra solução espacial recorrente em seus projetos de capelas. Este painel representa a cultura da América Latina nos cinco séculos de evangelização. Elizabeth Prégardier, uma das fundadoras da Fundação Adveniat, foi quem primeiro acolheu seu trabalho na Alemanha e o divulgou através de exposições. A Adveniat foi criada logo após o Concílio Vaticano II, para ajudar nos projetos sociais da Igreja Católica na América Latina, oferecendo recursos financeiros, inclusive para construção de edifícios. O painel é relevante porque define o espaço e nele, como já comentado anteriormente sobre a receptividade na Europa ao uso de motivos afro-brasileiros e ameríndios na composição, Pastro realizou o mais explicitamente ameríndio trabalho de sua carreira. Utilizou desenhos que reliam as iconografias maia e asteca, com suas máscaras de deuses e animais, marajoara da Amazônia, com suas urnas funerárias, e outros motivos da arte indígena brasileira, finalizando com a imagem da Virgem de Guadalupe, símbolo da caminhada para uma simbiose dos cultos indígenas associada ao cristianismo no México.

Capela Cristo Rei da Fazenda Santa Fé – São Manuel, São Paulo, 1998 (figura 35)

Esta é a primeira ocasião em que Claudio Pastro realiza o projeto completo do edifício, não só do seu ambiente interior,

132 CÉSAR AUGUSTO SARTORELLI

com plena liberdade de trabalho, contratado pelo proprietário da fazenda, sem interferência do clero. O resultado é uma somatória de suas experiências anteriores. Na arquitetura, um telhado de duas águas cria duas varandas laterais e uma frontal, como numa casa de fazenda. Esta é uma retomada da arquitetura vernacular que observou em Alagoinhas, quando fez os interiores da capela da Comunidade de Taizé, remetendo à sua admiração pelo método de trabalho de Lina Bo Bardi. O painel de fundo do presbitério é feito em vitral, e as portas de acesso pelas varandas laterais são em ferro com vidros, criando uma grande luminosidade. O presbitério é bem centralizado, deixando espaço que permite a ocupação das laterais, ao contrário do usual, que remete a um palco italiano, onde o fiel é contemplador da liturgia. Esta maior participação dos fiéis e um espaço concebido neste sentido vem das resoluções do Concílio Vaticano II.

> A forma ideal para a celebração litúrgica renovada após o Concílio, não é a de igrejas com naves compridas, mas uma disposição que favoreça tanto a aproximação entre a assembleia e o presbitério como a participação.[2]

A presença de um campanário é uma exceção no seu trabalho. Ele é colocado deslocado do edifício principal, como nas primeiras igrejas que receberam este elemento. O campanário é um adendo que surgiu no cristianismo mais tarde, e depois foi incorporado ao edifício basilical principal. Pastro considera que ele representa o Axis Mundi, o eixo que liga Céu e Terra, para além do uso de

---

2 Disponível em: <http://www.comissaoartesacra.org.br/liturgia/index.htm>. Acesso em: 25 maio 2005.

O ESPAÇO SAGRADO E O RELIGIOSO NA OBRA DE CLAUDIO PASTRO 133

badalar os sinos para anunciar as missas e as horas. A sua estética do "menos é mais" em arquitetura está aqui definida.

Santuário da Vida em São José do Rio Preto, São Paulo, 1999-2000 (figura 36)

Obra realizada em associação com as arquitetas Laíde Sonda e Rafaela Asprino, tem bem documentados conceitos e concepção de projeto, tratados quase como uma afirmação de princípios de trabalho com arte e espaço sacros. Declaram os responsáveis na apresentação e conceitos:

> O Santuário da Vida para a Rede Vida de Televisão teve cuidado de ser concebido estritamente segundo as normas litúrgicas atuais, as exigências da boa participação dos fiéis, as preocupações técnicas televisivas e, portanto, tendo consciência de ser referencial para o Espaço Sagrado das comunidades da Igreja Católica espalhadas pelo Brasil.

E descreve-se depois todos os espaços e sua simbologia e conceito de concepção:

> Sua Forma Quadrada refere-se ao próprio espaço litúrgico: "a Jerusalém Celeste entre nós", conforme o ritual da dedicação de uma Igreja.

> Doze Pórticos lembram-nos os portais da Jerusalém Celeste (Apocalipse 21, 12) fortificada.

Toda a sua beleza e decoração refere-se ao Anjo que diz: "Vem, te mostrarei a noiva, a esposa do Cordeiro" (Ap 21, 9), assim como, "a noiva adornada à espera do noivo".

A Forma de Tenda, igualmente, refere-se a Ap. 21, 3: "Eis a Tenda de Deus com os homens".

O Piso está pensado "para ser" os 4 rios que saem do Altar, do Trono e do Cordeiro "alimentando" os 4 cantos da Terra.

No cume do telhado um vitral com o Cordeiro Pascal dá sentido ao espaço: lugar de celebração do Mistério Pascal.

A Iconografia, em linhas sulcadas cor terra de siena, corresponde às 12 festas litúrgicas do ano.

Um afresco central, no fundo da Capela do Santíssimo, leva-nos ao Cristo, Senhor da Vida, que tem na mão esquerda a Palavra: "Eu sou o Caminho, a Verdade e a Vida" (Jo 14, 6) e está acompanhado dos Apóstolos, a Igreja Apostólica.

O Presbitério é o centro do espaço em todos os sentidos, físico e o simbólico. Aí destacam-se somente o essencial: Altar, Ambão, Sédia, Cruz Processional. Alongando-se daí temos num extremo a Água Batismal e no outro o Tabernáculo (a Capela do Santíssimo).

O Presbitério não tem a forma teatral própria do 2º Milênio do cristianismo mas adquire a forma participativa do 1º Milênio como nos pede o Concílio Vaticano II.

A nave central portanto, circunda o Presbitério tendo um espaço para cem (100) pessoas sentadas.

Quatro belas naves laterais (corredores) permitem a circulação, como eram usadas nas primitivas basílicas (o deambulatório), a fim de que a ação litúrgica não seja importunada por retardatários, fofoqueiros, devocionismo pessoal e pela própria ação televisiva (maquinários). Esses 4 corredores não têm só uma finalidade para a boa ação litúrgica, servindo para a procissão de entrada solene, mas contribuem para o conforto térmico e acústico do espaço.

A Capela do Santíssimo é um espaço à parte para as reservas eucarísticas e para a adoração pessoal, espaço de intimidade. Um altar redondo, um tabernáculo de bronze e um afresco dão a nota aí.

Na documentação oficial de orçamento do projeto não consta Pastro como coauto, mas ele é contemplado com uma soma maior de dinheiro pela execução de um afresco, doze desenhos na parede e um vitral, do que as duas arquitetas juntas. Em documento do Apostolado Litúrgico, do qual fazem parte as duas arquitetas, já consta Claudio Pastro como coautor do projeto. Isto decorre porque, em documentação oficial, Pastro não pode constar como autor de projeto de arquitetura, porque não tendo formação acadêmica em arquitetura ou engenharia civil, consequentemente não possui registro profissional que o autorize a assinar projetos de arquitetura. Como declarou Laíde Sonda sobre este aspecto de Pastro, em entrevista de 15 de junho de 2004: "Ele é digamos, um Zanine Caldas, que não tem formação arquitetônica, mas ele faz projetos". E especificamente sobre a colaboração entre os dois e a capela da Rede Vida ela esclareceu como se deu a encomenda do projeto:

> eu até acho que é uma colaboração muito pequena entre nós dois... existe quando ele precisa fazer o projeto; digamos que para apresentar na Prefeitura... Então ele precisa se valer da colaboração de um arquiteto, porque ele não assina... e nessa da Rede Vida, ele me procurou, ele pediu se a gente podia fazer uma parceria e eu falei tudo bem...

Mas o que chama mais a atenção nesta capela é o acirramento da estilização de seus desenhos, realizada nos doze painéis pintados nas laterais da nave central, quase como gravuras em metal transpostas para a pintura nas paredes.

Este projeto é o último de relevância, especialmente porque ele o denomina de "capela modelo", na medida em que foi realizado enquanto concepção total de edifício, arte sacra e peças e mobiliário do seu interior. O processo de trabalho com esta dinâmica foi interrompido por motivos de doença. Retomou neste ano corrente de 2005 projetos de maior dimensão, em que realiza seu objeto de projeto total dos edifícios. Este projeto colocou sua arte na mídia televisiva, o que contribuiu ainda mais para a divulgação de seu trabalho.

Reforma e conclusão da Basílica de Aparecida do Norte, São Paulo, 2003 (figuras 37 e 38)

Primeiramente, temos a data de término da primeira parte da reforma e conclusão, mas tendo em vista as dimensões da Basílica de Aparecida, a data de término não tem previsão. Num primeiro momento, Pastro teve seu projeto recusado, e ele declarava que a ordem dos Redentoristas que cuidavam da Basílica era muito "cafona" para entender seu trabalho. Depois, segundo declaração do mesmo, por motivo de sua doença acabaram por aceitar sua proposta. Laíde Sonda definiu na mesma entrevista supracitada, de 16 de junho de 2004, o processo de seleção dos profissionais para a reforma da Basílica:

> Também nos encontramos, praticamente umas 15 pessoas lá, que eles convidaram aleatoriamente, não sei o critério pra eles convidarem, o pessoal da Basílica mesmo. Entre esses estavam Regina Machado, eu e o Claudio. Mas cada um de nós havia sido convidado individualmente, não como grupo. Aí, então, como eles pediram que cada um apresentasse um projeto, nós achávamos que era um projeto muito grande... nós três nos unimos... e pensamos o projeto de acabamento da Basílica. Agora, ultimamente ele está sozinho porque está fazendo as capelas de São José e do Santíssimo...

A versão de Pastro sobre a encomenda do projeto é diversa; ele declara em entrevista de fevereiro de 2004:

Em 1997, quando descobri que tinha Hepatite C, fiz um primeiro tratamento que era forte e me levou para cama por dois ou três meses. Nesta época... recebi, de dom Aloísio Lorscheider, atual cardeal de Aparecida, uma carta me convidando a participar de uma primeira reunião para a continuidade dos trabalhos na Basílica e participar da conclusão. Lembro-me que respondi fazendo um anteprojeto do que eu achava do espaço. Fiz um estudo com uma série de sugestões que depois foram publicadas no final do livro *Guia do Espaço Sagrado*, editado pela Loyola.

Havia sobre a Nossa Senhora, um baldaquino de concreto... É bonito... Mas isso não poderia ficar em cima de uma imagem, de uma Nossa Senhora, que tinha só duas colunas, com as outras duas grudadas na parede. Nesse anteprojeto escrevo que este baldaquino "tinha que ir para o inferno". E publicamos isso na íntegra.

Acho que isto chamou a atenção de dom Aloísio, que fez questão que eu participasse do novo projeto. Não pude ir à reunião e não tive mais notícias sobre isso. Passou 1998 e 1999 e então, em 2000, surge um novo convite para essa mesma questão de conclusão interna da Basílica. Comigo foram também as arquitetas irmã Laíde Sonda, das Pias Discípulas, e Regina Machado, ambas especialistas em arte sacra. Lá encontramos mais umas dez equipes de arquitetos e artistas. Fizemos em torno de três reuniões, onde cada uma das equipes apresentava o seu anteprojeto: tinha de tudo, para todos os gostos. O que se percebeu, regra geral, é que as pessoas não tinham visão do que é ser Igreja, não tinham visão da questão litúrgica, não tinham visão nem mesmo da história da Igreja e sobretudo da visão pós-Conciliar.

Uma coisa é pensar a Igreja após o Concílio Vaticano II, que foi ecumênico, e outra é pensar na Igreja anteriormente, como é o caso do Barroco, dentro do esquema tridentino (Concílio de Trento), nos últimos quatro séculos. Muitos dos arquitetos apresentavam projetos dando ênfase ao pensamento tridentino. Hoje, muita gente, quando se fala da Igreja, logo pensa em uma cruzinha, em um santinho à direita e outro à esquerda. Logo pensa em rococó, anjinhos barrocos, coisa assim, porque é o referencial que temos no Brasil. Mas isso não corresponde ao pensamento nem da Igreja universal nem da Igreja pós--Concílio. E acredito eu que mostramos esse pensamento. Eu percebia que, quando intervimos nas reuniões, dom Aloísio mostrava-se muito alegre. E para nossa surpresa, na reunião seguinte, sobrou só a nossa equipe de três pessoas. Com o tempo, também elas tiveram que sair e fiquei eu. Agora a equipe tem outros arquitetos que trabalham segundo a minha concepção, meu projeto. Isso custou esses três anos de luta com o clero redentorista, porque às vezes, a formação religiosa, sobretudo na parte litúrgica e estética, é muito pobre. Cada um quer fazer seu gosto. E em se tratando de Igreja, o meu gosto é o único que não tem que aparecer: é necessário dar ênfase ao que é ser Igreja hoje.

Observemos que a frase "o meu gosto é o único que não tem que aparecer" não corresponde à ação de Pastro, ele tem um gosto bem claro que alinha ao que deva ser a Igreja hoje, e considera cafona e de mau gosto o gosto médio do clero e dos fiéis. O projeto começou a ser executado em 2000, com o altar principal, e a execução do revestimento se deu em azulejos, pela durabilidade e pela referência à cultura ibérica e portuguesa. Foram utilizados motivos com uma série de ondas, "em uma linha de ziguezague, que, em vez de lembrar formas gregas, lembra formas indígenas". E o artista complementa:

> Debaixo do altar, como na leitura do Profeta Ezequiel e como na leitura do Apocalipse, saem as águas da vida que correspondem à graça e ao Espírito Santo, ao mesmo tempo. É do altar que inunda os quatro cantos da terra, daí as quatro naves, a faixa central de água, como para dizer que é a Graça divina que dá vida a toda terra, que é a verdadeira água que brota do altar, e o altar é Cristo. Isso já ficou muito bonito.
>
> O piso foi trocado por granito rosa brasileiro. Para o baldaquino central, que tem 80 metros de altura se optou por revesti-lo de azulejos-ouro pequenos. No teto serão desenhados pássaros que se dirigem a uma árvore, que corresponde ao Reino de Deus. Foi inaugurado em outubro de 2003 o primeiro painel, o trono de Nossa Senhora, "É um retábulo, uma grande parede decorada, centralizando a visão para Aquela a quem a Igreja é dedicada"... concebido com uma grande faixa central, porque ouro é a cor da divindade... No meio, em branco e azul-marinho há três arcanjos. No alto Rafael, no meio Miguel e mais embaixo Gabriel. Cada figura tem seis metros de altura. Corresponde à escada de Jacó, que os anjos descem e sobem, trazendo a graça até nós e levando nossos pedidos... Embaixo de tudo isso, quatro metros acima

do piso, está o lugar exato onde fica Nossa Senhora de Aparecida, com um grande raio de sol à volta que corresponde ao Capítulo 12 do Apocalipse, a mulher vestida de sol, com 12 estrelas.

E complementa a descrição detalhadamente:

À sua direita e à sua esquerda, este painel com 40m de altura por 8m, todo em ouro, se transforma sobretudo em azul ultramar, azul turquesa, lilás, branco e ouro. Ali vemos as 12 mulheres do Antigo Testamento que prefiguraram a Virgem. É muito importante esse "prefiguraram". Começa com Eva. A Virgem Maria é a nova Eva, depois vem Sara, mulher de Abraão, mãe de um imenso povo. E assim por diante, passando por Rebeca, Lia, Raquel, Miriam, Débora, Rute, Ana, Abisag, Judite, e termina, já no último exílio, com a rainha Ester, que intercede por seu povo. Aproveitando-se da sua beleza, ela cativou o Imperador da Babilônia. A nova intercessora, a nova rainha Ester é a Virgem Maria, que está no centro de todas essas mulheres. Elas têm em torno de 3 metros de altura.

Depois, há uma série de símbolos: tamareiras, para dizer que aquele é um lugar de repouso, de se refazer para a vida. A flor do maracujá, símbolo de harmonia e paz, e uma das frutas símbolos do Brasil. E o Cântico dos Cânticos, a uva, a maçã e a romã, elementos nupciais, de fertilidade, de vida. Tudo isso culmina com muitos peixes, porque a Virgem aparece nas águas. Esse justamente foi o primeiro milagre: não havia peixes. Quando vem na rede para os pescadores, primeiro aparece só o corpo, e depois, em um segundo lance, a rede vem carregada de peixes, considerado um grande milagre. Os peixes correspondem não só ao milagre no Rio Paraíba, mas os peixes agora somos nós, os cristãos. E nós voltamos sempre para aquele lugar.

Na rampa de subida para chegar até à Virgem, à direita e à esquerda, não bem visíveis dentro da Basílica, existem dois painéis. Um painel mostra o primeiro milagre, o aparecimento da Virgem. E no segundo painel, na rampa de descida, temos os cinco primeiros milagres acontecidos depois que a imagem foi encontrada. O da Serrinha, do escravo, do cavaleiro ateu que queria subir com o cavalo dentro da Igreja etc.

A nossa pretensão é continuar colocando nas paredes, sempre em azulejos, elementos estéticos decorativos das culturas que estão no Brasil: branca, negra e indígena, japonesa, chinesa, simbolicamente. Mais em cima aparece, em azulejos, o Antigo e o Novo Testamento, os Atos dos Apóstolos e o Apocalipse, dando a volta em toda a Basílica. Isto ajuda a educar o povo, em linguagem didática, colorida. E ao mesmo tempo é uma leitura bíblica, em forma e cores. Um painel muito importante está no lado oposto, no grande portal de entrada, onde existem três pórticos. Será um espaço sobretudo feminino. O painel vai conter em torno de 60 mulheres na história da Igreja, a partir de Madalena. Ela é a primeira discípula. Serão duas ou três mulheres de cada século que se destacaram na história da Igreja, até hoje com Edith Stein, Madre Teresa de Calcutá, dentre outras.

Este trabalho está sendo, sem dúvida, o projeto de Pastro que atinge o maior número de visitantes, além do simbolismo de ter feito um trabalho na mais conhecida basílica brasileira. Na sua descrição, quando afirma das pinturas em azulejo que "isto ajuda a educar o povo, em linguagem didática, colorida", coloca a sua visão da *Bíblia Pauperum*. Neste projeto, toda a sua visão sobre arte sacra se coloca, e consegue ser "barroco" na informação transmitida visualmente, que é ampla, no sentido contrário de sua estética moderna "clean", e neste dilema entre a "alma barroca nacional" e a modernidade "limpa e clean", encerramos a análise dos projetos para chegarmos às conclusões.

Conclusão

Pesquisar a obra de Claudio Pastro foi um trabalho longo, e extenso, primeiramente pela dimensão quantitativa de suas obras, que exigem um olhar de leitura plástica, do que a própria obra plástica diz, e num segundo momento as concepções próprias do artista a serem decodificadas.

O levantamento e organização cronológica de sua obra foram fundamentais para entender como ela se desenvolveu e se transformou. Num momento deste trabalho, tive que fotocopiar todas as fotos de documentação de seu livro e reagrupá-las em ordem cronológica, e depois fazer o mesmo com a listagem final deste mesmo livro, consultando o próprio artista sobre o que exatamente ele havia feito em cada capela. Foi uma espécie de reconstrução através de uma reedição do conteúdo do livro, tanto visual quanto escrita, que permitiu a realização do primeiro capítulo e poder observar na linha do tempo a documentação iconográfica, extraindo conteúdos de sua leitura.

Depois, a pesquisa de teóricos sobre arte sacra, no segundo capítulo, permitiu compreender melhor onde se inserem os conceitos que Pastro utiliza para tratar de seu trabalho. As fontes e influências de sua obra na arte e arquitetura, tanto dos artistas e arquitetos consagrados historicamente como dos contemporâneos, vieram em seguida para que pudesse no último capítulo analisar, através da exposição de seus projetos finais, a relação entre suas ideias e o resultado concreto de seus projetos. O tempo todo sua categorização entre sacro e religioso era o texto das entrelinhas deste livro.

No âmbito da leitura plástica, foi mais simples decodificar e extrair conteúdos e conclusões sobre o seu trabalho, um pouco pelo treinamento anterior de formação acadêmica em arquitetura e bastante pelo treino prático da realização de curadoria e montagem de exposições de arte contemporânea e temáticas. Conceber como curador e realizar montagem de exposições implica em aprender a saber ler o que os objetos, no caso das temáticas, e as obras plásticas dizem. Toda criação humana carrega os conteúdos do conhecimento de seu período, muito fácil de perceber na arqueologia, mas um tanto obliterado para a observação do que nos cerca cotidianamente, numa proximidade que cria uma relação distraída, senão "blasé". Em geral temos um conceito já arraigado sobre as coisas e não conseguimos fugir dele para ver realmente o que temos à frente.

O papel dos criadores e artistas é, entre outros, desestruturar estes conceitos arraigados, mostrando novos significados sobre o que nos cerca.

Este processo de leitura do trabalho de Pastro permitiu adiantar, antes da leitura de sua concepção, vários de seus conceitos. Aproximei-me sem saber dos estudos de Cultura Visual, que desconhecia mais sistematicamente dentro do âmbito acadêmico. Na estruturação do primeiro capítulo, foi fundamental o estudo de imagens e as visitas em campo, onde os conteúdos e conclusões sobre como se desenvolveu o seu trabalho brotavam das imagens. Estas conclusões eram depois confrontadas em entrevistas e consultas mais breves junto ao artista e comprovadas por ele. Nas aulas de mestrado, este tipo de associação entre produto visual e conhecimento foi tratado de forma pontual, e só na qualificação o assunto foi tratado de maneira mais organizada com a indicação de bibliografia mais específica. Foi como descobrir uma trilha já percorrida, porque como trabalhei muito com exposições, tanto de arte contemporânea como temáticas, estava fazendo este exercício de Cultura Visual na vida prática sem sabê-lo.

Na comparação entre suas concepções e o resultado plástico final, através da pesquisa, concluí que Pastro é extremamente coerente, criando uma marca registrada que permite dizer, sem pestanejar, que o espaço ou a obra realizada é dele. Sobre o impacto de sua obra, sem entrar na discussão de arte religiosa ou sacra, ela é esteticamente contundente, de uma beleza contemporânea e excelente acabamento, mas acaba sendo "fria" para muitos.

Ele por vezes carrega uma "frieza" da arquitetura contemporânea, que atinge muito mais aos especialistas em arquitetura, ou eruditos em arte, do que a média da população. A memória de uma estética barroca no Brasil é muito forte ainda, e o seu horror ao vazio se dirige em linha contrária ao espaço "clean" de suas igrejas neorromânicas. Esta memória de uma estética barroca pertence a boa parte da população, que está mais próxima do catolicismo popular que das ordens da Igreja ou dos estudiosos de teologia e arte sacra.

Sua formação com apoio dos beneditinos, que é uma elite dentro da Igreja, contribuiu de forma teórica e prática, na medida em que deles vieram suas encomendas de trabalho mais frequentes. Não podemos esquecer que a Ordem Beneditina era parte de um contexto em que a salvação passava pelo estudo em latim das escrituras, num Ocidente em que a maior parte da população já não falava e lia em latim, analfabeta. Esta matriz é elitista dentro da Igreja, e ainda hoje os beneditinos são a ordem que menos se aproxima de qualquer ligação com o catolicismo popular. As concepções teológicas e litúrgicas são elaboradas, mas eu me pergunto se elas não são mais admiradas que compreendidas pela média da população. Certa vez, um colega de trabalho no Centro Cultural São Paulo, programador de cinema e vídeo, com formação universitária, falou que achava muito bonito o trabalho de Pastro, mas que não sentia vontade de rezar nas igrejas que ele concebeu, só admirá-las esteticamente. Vindo de alguém que não é destituído de informação suficiente porque lê a estética, alertou-me que a religiosidade com a apropriação do sagrado na arte tem raízes mais profundas que o conhecimento e informação eruditos sobre arte.

Há um repúdio de Pastro ao catolicismo popular, partilhado com Laíde Sonda, onde os santos têm um papel muito maior, como intermediários mais próximos do Divino. Neste catolicismo, amplamente praticado pela maioria dos fiéis, os santos resolvem pedidos mais prementes do dia a dia para os fiéis, não afeitos a reflexões teologicamente profundas. A concepção de Pastro, contrária a este catolicismo popular, demonstra um elitismo de concepção da fé, que é uma vertente da leitura do Concílio Vaticano II, apoiada num certo purismo de retomada de raízes autênticas do cristianismo do primeiro milênio. Nesta perspectiva elitista dentro da Igreja, o conceito de sagrado acaba também por ganhar esta característica também elitista, um sagrado que exige conhecimento da liturgia para se apoiar e se perceber. Por esta razão, as concepções de Pastro constroem uma espécie de discurso sobre o sagrado, que teoricamente é bastante trabalhoso de se estudar, porque faz uma apropriação radicalmente instrumentalizada de Romano Guardini e da fenomenologia de Otto e Eliade. É um discurso autoafirmativo e justificativo de seu resultado final, que tem sua razão de ser frente à resistência que enfrentou para conseguir realizar seu trabalho, mas que é questionável teoricamente. Não podemos jamais esquecer que ele se formou em Sociologia, e isto marca um aspecto de expressão pessoal como militante político dentro da arte e arquitetura sacras. Ele é pleno de ideais, de uma reunificação da cristandade, usando de elementos comuns às Igreja Católica Romana e Ortodoxas Orientais: o ícone, o motivo pictórico do Cristo Pantocrator em destaque e uma arquitetura neorromânica. Mas são elementos unificadores somente para o catolicismo. Claudio nunca fez projetos para igrejas orientais, e para fazê-los ele precisaria realizar todo os ritos e jejuns que encerram o trabalho do iconógrafo. Ou seja, podemos colocar como hipótese que ele usa de referências pictóricas da prática do iconógrafo, mas como esteta, de uma maneira racional, sem entrar no âmbito sacramental que o autêntico ícone bizantino encerra.

A análise epistemológica da concepção de Pastro foi a maior dificuldade a enfrentar neste livro, pela dificuldade em definir o sagrado, porque as construções teóricas sobre ele são mais amplas do que usar o instrumental, já transformado em clichê acadêmico, de Otto e Eliade, que é onde Claudio se apoia, como foi exposto no capítulo três pela estudiosa Madeleine Ochsé, que considera equivocado distinguir sagrado da vida profana. Quando acrescentamos um diferencial entre sagrado e religioso, isto fica mais complexo. Ele acaba soando um tanto artificial. O que ele rejeita de clichês do catolicismo popularesco, se apropria de outros clichês na sua discussão do sagrado. Ele é erudito na leitura teológica, mas usa de senso comum intelectual na leitura teórica.

A questão fundamental é por que algo ou uma expressão artística se torna sagrada, onde ela se diferencia da profana. Uma hipótese é que a vida profana poderia ser um ato sagrado ou sacralizada pela atitude que temos diante dela. Podemos também lançar a ideia de que Otto e Eliade observam com um referencial em que o profano e o sagrado estavam dissociados pela evolução histórica, com um sentido temporal e localizado na cultura ocidental cristã. Não podemos negar que, para muitas pessoas, uma imagem de gesso pode lhe trazer uma percepção do sagrado maior do que um ícone bizantino. Se ele não tem uma memória que lhe permita entrar nesta concepção de arte sacra, que é um dado cultural, não haveria sentido em doutriná-lo num repertório que não lhe pertence.

A procura de um sagrado objetivo, universal, poderia ser uma utopia. O sagrado pode ser multiculturalista. É preciso ser um grande artista para poder mobilizar a muitos e mais ainda para transcender sua comunidade de crença. O sacro poderia ser a arte que transcende a subjetividade coletiva dos grupos de crença e consegue mobilizar qualquer indivíduo. Esta seria uma arte transcendente ao conseguir ultrapassar os limites das culturas. O sacro de Pastro seria então um consenso de repertório para uma determinada visão teológico-cristã de mundo.

Uma de minhas maiores experiências numinosas foi ver a estátua do Deus Shiva no Rijksmuseum em Amsterdã, em 1992, muito antes de conhecer o budismo tibetano, que, pelas suas raízes hindus, me daria proximidade de reconhecer esta divindade, e até hoje me pergunto porque uma estátua de uma cultura religiosa a que não sou afeito, nem tinha memória cognitiva, me tocou tanto. Depois eu descobri que a arte no budismo e hinduísmo envolve um processo mágico, em que o artista desenha evocando a deidade, com uma série de ritos e preces. Será que estes ritos e preces impregnam o trabalho final de modo que nos toca? Diria que não todos, porque vi muitas estátuas de Shiva e só a do Museu de Amsterdã me "capturou", nela eu percebi um pouco do *fascinans* de que trata Rudolf Otto.

Em que medida a arte e a religião se associam? Porque o desenho nas cavernas surge como um dado mágico religioso, concordando com teorias sobre as razões de sua execução que caminham neste sentido. A linguagem visual pictórica foi um salto na evolução humana, com esta "magia" de conseguir, desenhando, se apropriar de algo que até então só podia ser visto externamente. "O Conceito do sagrado, portanto, é quem sabe tão antigo como a linguagem, o que equivale a dizer que é tão antigo como a própria humanidade" (RAPPAPORT, 2001: 402). Pode-se imaginar o poder que esta atitude teve quando feita pelos primeiros artistas que desenharam nas cavernas. Como eles foram "capturados" pelo sagrado, em que lugar nós somos "capturados" pela arte religiosa, sacra? Como ela nos aproxima deste sentimento do transcendente? Em que medida isto é fundamental para nossa vida religiosa? Por que precisamos de algo "a mais" do que o visto? É uma espécie de "milagre" vermos o mesmo, porque vemos com muito mais do que o olho, vemos com som, cheiro, tato e com a associação a memórias pessoais, como é comprovado pela neurofisiologia.

Vemos com o cérebro como um todo, com vários sentidos e setores da mente em conexão, não existindo um sentido puro da visualidade, isolado.

Poderíamos pensar que existe um discurso sobre o sagrado que nos faz entrar na sua percepção, carregado na nossa memória consciente e inconscientemente como uma programação de computador. Algo de transcendente pode ser construído pelo artista na execução de seu trabalho, ultrapassando os limites da codificação deste discurso sobre o sagrado. O rito e a prece, extensões do pensamento, talvez impregnem o produto final de sugestões do sagrado que nos tocam. Arrisco colocar como hipótese que as preces e os ritos, tanto na execução de *tankas* budistas como de estátuas hindus, poderiam criar sugestões do sagrado que poderiam ser percebidas caso deixássemos nossos sentidos mais refinados.

Em todo caso, Pastro ficará para a posteridade com seu trabalho plástico, pela qualidade de sua fatura, pelo grande número de obras realizadas, e com certeza pela Basílica de Aparecida do Norte. Seu pioneirismo em reunir aspectos da modernidade em arquitetura com a teologia de dentro da Igreja o diferencia de todos os arquitetos contemporâneos que construíram igrejas no Brasil, com as exceções, que confirmam a regra, de Laíde Sonda e Regina Albuquerque. Lina Bo Bardi, Oscar Niemeyer e João Filgueiras Lima foram excelentes arquitetos, mas não conheciam teologia, nem ao menos eram católicos praticantes, influenciados que eram por um positivismo disseminado no ensino de arquitetura. Mesmo admirados por Pastro, não têm a unidade arte--arquitetura que Pastro construiu, faltou-lhes para unificá-las o discurso articulado e o conhecimento de "dentro" da Igreja. O aproveitamento que fez dos elementos iconográficos afro-brasileiros e ameríndios foi pioneiro na era contemporânea. Tivemos no passado os anjos mulatos de Aleijadinho em Minas Gerais, e os santos que imitam estátuas de deuses africanos na São Paulo do século XVIII. Infelizmente, a romanização da Igreja brasileira implicou na europeização da arte e arquitetura segundo modelos europeus, descartando o elemento nacional. Pastro veio recuperar uma identidade perdida neste hiato e continua sendo uma exceção nesta atitude. Talvez os discípulos que surgem dos cursos de Espaço Litúrgico da CNBB, de que Pastro participa, possam retomar esta vertente da arte sacra católica.

Espero ter contribuído para decodificar melhor seu trabalho. Desta análise da arte e arquitetura sacra cristã, através de seu trabalho, eu acabei me voltando para as perguntas sobre a arte e o sagrado na sua gênese para a humanidade, tema que espero desenvolver futuramente. Este aspecto misterioso do poder que o artista tem de nos fazer entrar na dimensão do transcendente é o tema mais fascinante que esta análise racional pode tentar cercar, vislumbrar, focado num trabalho localizado, mas ainda longe de uma conclusão. Discursar sobre o artístico é um exercício de interpretação da obra artística, já dizia Susan Sontag, que pode ser reducionista ao procurar explicar o inexplicável, que é próprio de ser percebido, sentido, porque não existe pensar racional sem sentimento, concordando com as últimas descobertas da neuropsicologia. Uma delas é que o cérebro não funciona por partes estanques, mas por associação de partes, impossibilitando só pensar na área racional, porque as de sensações e sentimentos também estão ativadas; e outra é que ele está pronto para ter experiências religiosas, com um setor, já mapeado por ressonância magnética, que sempre é ativado quando participamos destas experiências. Neste sentido de que muito há a se descobrir sobre o artístico, espero ter sido generoso e humilde com as obras e com o transcendente que elas encerram, mesmo que às vezes para poucos, assim como para o trabalho de Pastro, num pequeno tributo à memória de meu avô que entrava em todas as igrejas que via pelo caminho.

Referências bibliográficas

Livros escritos e ou ilustrados por Claudio Pastro

PASTRO, Claudio. *Arte Sacra*. São Paulo: Loyola, 1986.

_____ & CIGONA, J. R. F. *Arte em Itaici*. São Paulo: Loyola, 1990.

_____. *Itapeva, um tesouro em vaso de barro*. Jundiaí: Casa São Lucas, 1992.

_____. *Arte Sacra, o espaço sagrado*. São Paulo: Loyola, 1993.

_____. *Guia do espaço sagrado*. São Paulo: Loyola, 1999.

_____. *C. Pastro Arte Sacra*. São Paulo: Paulinas, 2001.

_____. *Parábolas*. São Paulo: Paulinas, 2002.

_____. *Deus da Beleza, a educação através da beleza*. São Paulo: Paulinas, 2008.

_____. *A Arte no Cristianismo*. São Paulo: Paulus, 2010.

Bibliografia de referência

ADVENIAT. *Fluxo da Vida, A Capela da* ADVENIAT *em Essen projetada por Claúdio Pastro.* Essen: Ação Episcopal Adveniat, 2009.

APOSTOLOS-CAPPADONA, Diane. "Religion and Sacred Space". In: GREEN, William Scott; NEUSNER, Jacob (orgs.). *The religion factor: an introduction to how religion matters.* Louisville: Westminster John Knox Press, 1996.

BENEVOLO, Leonardo. *História da Arquitetura Moderna.* São Paulo: Perspectiva, 2001.

ECO, Umberto. *Apocalípticos e integrados.* São Paulo: Perspectiva, 1987.

ELIADE, Mircea. *Imagens e símbolos.* São Paulo: Martins Fontes, 1991.

_____. *Mito do eterno retorno.* São Paulo: Mercuryo, 1992.

_____. *O Sagrado e o Profano.* São Paulo: Martins Fontes, 2001.

ELIADE, Mircea & KITAGAWA, Joseph M. *Metodologia de la Historia de las Religiones.* Barcelona: Paidos Ibérica, 1986.

GHARIB, Georges. *Os ícones de Cristo: história e culto.* São Paulo: Paulus, 1997.

GUARDINI, Romano. *Imagen del culto e imagen de devocion.* Madri: Ediciones Guadarrama, 1960.

_____. *La essencia de la Obra de Arte.* Madri: Ediciones Guadarrama, 1960.

_____. *Discorso sull'opera d'arte*. Tradução, introdução e commentários de Guido Sommavilla. Padova: Liviana Editrice in Padova, 1970.

HUBBELING, H. G. *Divine Presence in Ordinary Life, Gerardus van der Leeuw's twofold method in his thinking on art and religion*. Amsterdã/Oxford/Nova York: North-Holland Publishing Company, 1986.

MANGEL, Alberto. *Uma história da leitura*. São Paulo: Companhia das Letras, 1997.

OCHSÉ, Madaleine. "Uma arte sacra para nosso tempo". In: *Sei e Creio: Enciclopédia do católico no século XX*. São Paulo: Flamboyant, 1960.

PEREIRA, Sylmara Cintra; NORONHA, Márcio Pizarro. "Concepções de arte na obra-pensamento de Richard Wagner". Trabalho apresentado no *II Congresso Internacional de História da UFG*. Jataí, 2011.

PEREIRA, Miguel Serpa. *Cinema e Ópera: um encontro estético com Wagner*. Dissertação (mestrado) – ECA-USP, São Paulo, 1995.

RAPPAPORT, Roy A. *Ritual y religión en la formación de la humanidad*. Madri: Ediciones Akal, 2001.

RIGO, Rosalva Trevisan. *A importância da iconografia cristã na obra de Claudio Pastro*. Dissertação de especialização no Ensino da Arte, Fundamentos Artísticos, Estéticos e Metodológicos da Pró-reitoria de Pós-Graduação e Pesquisa da Universidade de Caxias do Sul, 2001.

ROBERTSON, D. S. *Arquitetura grega e romana*. São Paulo: Perspectiva, 1997.

ROTGER, Ana Paula Rodrigues; CAMARGO, Luciano de Freitas. *Claudio Pastro Portólio, a arte sacra e as fontes do espaço sagrado*. Monografia (conclusão do curso de Estética e História da Arte) – ECA-USP, São Paulo, 1997.

VAN DER LEEUW, Gerardus. *Sacred and Profane Beauty*. Londres: Weidenfeld and Nicolson, 1963.

Revistas

Estampa, abr. 2003.

EU! Arquiteto, São Paulo, n° 4, set.-out. 2003.

SILVA, Frei José Ariovaldo da Silva. "Quatro elementos fundamentais de um espaço litúrgico". *Mundo e Missão*, jul. 2004.

Projeto, dez. 1989.

Sites

Entrevista à *revista Planeta*: <http://www.terra.com.br/planetanaweb/350/materias/350_imagens_do_sagrado.htm>.

Grupo de estudos de arte sacra: <http://br.groups.yahoo.com/group/artesacra/>.

Entrevista à revista *Mundo e Missão*: <http://www.cl.org.br/CPastro.htm>.

Sobre os Irmãos de Taizé: <http://www.pime.org.br/pimenet/mundoemissão/igrejamgparabola.htm>.

Página publicada na revista *Mundo e Missão*: <http://www.pime.org.br/mundoemissao/teologiahoje.htm>.

Bibliografia geral

ABE, André Tomoyuki. *Arquitetura Religiosa*. São Paulo: FAU-USP, 19-?.

ABUMANSSUR, Edin Sued. *Moradas de Deus: representação arquitetônica do espaço sagrado entre protestantes e católicos*. Tese (doutorado) – PUC-SP, São Paulo, 2001.

AFANÁZIO, Manuel Cardoso Mendes. *Arte Moderna e Arte de Igreja*. Coimbra: Direcção Geral de Serviços de Urbanização, 1959.

ANDRADE, Mário de. *A arte religiosa no Brasil*. São Paulo: Experimento, 1993.

ARENAS, Arsenio F. *Iglesias nuevas en España*. Barcelona: Ediciones La Poligrafia, 1963.

ARGAN, Giulio Carlo & FAGIOLO, Maurizio. *Guida a la Storia dell Arte*. Firenze: Ed. Sansoni, 1977.

BIENAL DE SÃO PAULO, 8ª. *Novas Igrejas na Alemanha*. Munique: Schnell, 1965.

BOIS, Yve-Alain; KRAUSS, Rosalind E. *Formless user's guide*. Nova York: Zone Books, 1997.

BRAUNFELS, Wolfgang. *Arquitectura monacal en occidente*. Barcelona: Barral Editores, 1975.

BURCKARDT, Titus. *L'Arte Sacra in Oriente e in Occidente*. Milano: Ed. Rusconi, 1976.

CAMPIGLIA, Guelfo Oscar Oswaldo. *Exposição de arte sacra no Brasil, reproduções fotográficas*. São Paulo, 1955.

CASEL, Odo. *Le Mistère du Culte*. Paris: Les Éditions du Cerf, 1946.

CHRIST-JANER, Albert William. *Modern church architecture guide to the form and spirit of 20*. Nova York: Mcgraw-Hill, 1962.

COSTA JUNIOR, Ednan Mariano Leme da. *Arquitetura Religiosa no Brasil*. São Paulo: Faculdade de Arquitetura e Urbanismo da Universidade de São Paulo, 1971.

COSTA, Carlos Roberto Ziebel. *Habitação Guarani: tradição construtiva e mito-logia*. Dissertação (mestrado) – FAU-USP, São Paulo, 1989.

COTRIM, Cecília; FERREIRA, Glória. *Clement Geenberg e o debate crítico*. Rio de Janeiro: Ministério da Cultura/Funarte/ Zahar, 1999.

DANTO, Arthur C. *Beyond the brillo box the visual arts in post historical perspective*. Berkeley: University of California Press, 1993.

_____. *After the end of contemporary art and the pale of history*. New Jersey: Princeton University Press, 1997.

DEBUYST, Fréderic. *La Renouveau de L'Art Sacre (1920 a 1962)*. Paris: Nouvelles Éditions Mame, 1991.

DORFLES, Gillo. *Architettura moderna*. Milano: Garzanti, 1989.

ETZEL, Eduardo. *Imagem sacra brasileira*. São Paulo: Melhoramentos, 1979.

_____. *Arte Sacra*. São Paulo: Melhoramentos,1984.

_____. *Divino-simbolismo no folclore e na arte popular*. Rio de Janeiro: Kosmos, 1995.

EVDOKIMOV, Pavel Nikolaevic. *Teologia della Bellezza*. Roma: Edizioni Pauline, 1981.

_____. *Lo Uomo Icona di Cristo*. Milão: Editrice Àncora, 1982.

FERGUSON, George Wells. *Signos y símbolos en el arte cristiano*. Buenos Aires: Emecé, 1956.

FRANCK, Debié & VÈROT, Pierre. *Urbanisme et art sacré: une aventure du XXe siécle*. Paris: Criterion, 1991.

FRIED, Michael. *Art and objecthood*. Chicago: The Chicago University Press, 1992.

GALIMBERTI, Umberto. "A arte sacra e a mobilização dos afetos". In: *Rastros do Sagrado*. São Paulo: Paulus, 2003.

GEERTZ, Clifford. "A Religião como Sistema Cultural" (cap. 4). In: *A interpretação das culturas*. Rio de Janeiro: LTC, 1989.

_____. "A arte como um sistema cultural" (cap. 5). In: *O Saber Local*. Petrópolis: Vozes, 1999.

GIESELMANN, Reinhard. *Contemporary Church Architecture*. Nova York: Sheed & Ward, 1956.

GRABAR, André. *Le Vie della Creazione nell'Iconografia Cristiana*. Milano: Ed. Jaca Book, 1999.

HAMMOND, Peter. *Liturgy and architecture*. Londres: Barrie and Rockliff, 1960.

HANI, Jean. *Simbolismo do templo cristão*. Lisboa: Edições 70, 1981.

HEATHCOTE, Edwin; SPENS, Jones. *Church Builders*. Cingapura: Academy Editions, 1997.

HENZE, Anton; Theodor, FILTHAUT. *Contemporary Church Art*. Trad. Cecily Hastings. Nova York: Sheed & Ward, 1956.

IDINOPULOS, Thomas A.; YONAN, Edouard A. "The Domicile in the Study and teaching of the sacred, using the methodological assumptions of Jonathan Z. Smith and Mircea Eliade". In: _____ (orgs.). *The Sacred and its Scholars*. Leiden: E. J. Brill, 1996.

JARDIM, Natanael Macêdo. *Espaços Sacros na arquitetura contemporânea: estudo analítico da Capela de São Pedro apóstolo de Paulo Mendes da Rocha*. Dissertação (mestrado) – EESC-USP, São Paulo, 2003.

KLASSEN, Winand. *Architecture Gods and Mortals, setting up a world in flux and plurarity*. Cebu City: Clavano Printers, 1994.

KRAUSS, Rosalind E. *The optical unconscious*. 1ª ed. Cambridge: MIT Press, 1998.

KUBACH, Hans Eric. *Arquitectura Romanica*. Madri: Ediciones Madrid, 1989.

LADNER, Gerhart Burian. *God, Cosmos, and humankid the world of early Christian Symbolism*. Berkeley: University of California Press, 1995.

LEROY, Alfred. "Nascimento da Arte Cristã – do início ao ano mil". In: *Sei e Creio: Enciclopédia do Católico no século XX*. São Paulo: Flamboyant, 1960.

MACHADO, Regina Céli de Albuquerque. *O local de celebração: arquitetura e liturgia*. São Paulo: Paulinas, 2001.

MANGEL, Alberto. *Uma história da leitura*. São Paulo: Companhia das Letras, 1997.

MENEZES, Ivo Porto de. *Arquitetura sagrada*. Ouro Preto: Escola de Minas, 1962.

MERCIER, Georges. *L'art abstrait dans l'art sacré: la tendance non-figurative dans l'art sacré chrétien contemporain*. Paris: E. de Boccard, 1964.

MILLS, Edward David. *The modern church*. Londres: Architectural Press, 1956.

NORMAN, Edward R. *Les maisons de Dieuart et histoire des Èglises de la Chrétienté des origines à nos jours*. Paris: Artaud, 1990.

PICHARD, Joseph. *Art sacre moderne*. Paris: Arthaud, 1953.

PLATE, S. Brent. *Religion, art and Visual Culture*. Nova York: Palgrave, 2002.

172 CÉSAR AUGUSTO SARTORELLI

PORTOGHESI, Paolo. *Dopo L'Architettura Moderna*. Bari: Laterza, 1985.

RAMELLI, Antonio Cassi. *Edifici per il cultochiese cattoliche protestanti e ortodosse, moschee, sinagoghe, costruzioni monastiche e...* Milano: Vallardi, 1949.

RIES, Juien. *Il Sacro*. Milano: Jaca Book,1981.

ROSENDAHL, Zeny. *Espaço e religião, uma abordagem geográfica*. Rio de Janeiro: UERJ-NEPEC, 1996.

SAWAYA, Sílvio. "Igreja Messiânica em São Paulo". *Revista Projeto*, São Paulo, n° 206, mar. 1997, p. 36-43.

SHEAR, John Knox. *Religious buildings for today*. Nova York: F. W. Dodge Corp., 1957.

_____. *Religious buildings for today*. 2ª ed. Nova York: F. W. Doge Corp., 1979.

SILL, Gertrude Grace. *Symbols in Christian Art*. Nova York: First Collier Book, 1975.

UEHBE, Maria Zarria Jasmin. *Projeto de igreja, um estudo de relação espaço-liturgia*. São Paulo: FAU-USP, 1975.

VALENTINI, G.; GARONIA, G. *Domus Eclesiae L'Edificio Sacro Cristiano*. Bologna: Casa Editrice Patron,1969.

WATKINS, Edward Ingram. *Catholic art and culture*. Nova York: Sheed & Ward, 1944.

WATKINS, William Ward. *Planning and building the modern church*. Nova York: F. W. Dodge Corp., 1951.

Revistas de Arte Sacra

ART D'ÉGLISE, 1959 a 1971. Bruxelas, Abbaye de Saint Andre.

L'ART SACRE, 1953 a 1966. Paris: Aux Éditions du Cerf.

Imagens

1 - Capela do Mosteiro de Keur Mossa, 1963 – Dakhar, Senegal

2 – Interior do novo edifício da Igreja de Nossa Senhora de Guadalupe, 1976 – Cidade do México (México), Projeto do arquiteto e monge beneditino Gabriel Chavez de La Mora

3 – Interior do novo edifício da Igreja de Nossa Senhora de Guadalupe, 1976 – Cidade do México (México), Projeto do arquiteto e monge beneditino Gabriel Chavez de La Mora

4 – O estilo Beuron de Arte Sacra – Imagem Salve Regina, 1898 – P. Paulus Krebs

5 – Cúpula do Presbitério da Igreja de Beuron –1898-1904

6 – São Francisco de Paula jovem, 1998, Nicola Sebastio

180 CÉSAR AUGUSTO SARTORELLI

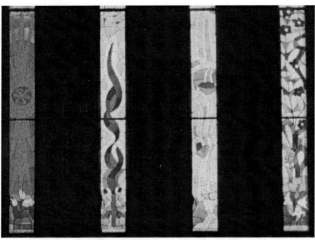

7 – Vitral na Igreja dos Santos Patronos de Milão,
1966, Nicola Sebastio

8 e 9 – Composição livre e janela na capela da
Santa Casa da cidade de Gelsenkirchen. Heinz
Dohmen, Alemanha, 1985

10 – Capa do livro *Virgem de Guadalupe*, 1988

Figura 11 – Óculos da igreja San Pietro al Monte em Urbania (Itália)

12 – Sala dos Cavaleiros do Castelo de Rothenfels-Main. Arq. Rudolf Schwarz com colaboração de Romano Guardini, 1928

13 – Capela do Rosário – Matisse

14 – Capela de Ronchamp, 1954 – Projeto do arquiteto Le Corbusier

15 – Catedral de Brasília, 1970 – Projeto do arquiteto Oscar Niemeyer

O ESPAÇO SAGRADO E O RELIGIOSO NA OBRA DE CLAUDIO PASTRO   185

Figura 16 – Ícone de Cristo Pantocrator da Escola de Novogorod, século XV

17 – Cristo do 3º Milênio, 2001 – Claudio Pastro

186 CÉSAR AUGUSTO SARTORELLI

18 – Capela da PUC (Pontifícia Universidade Católica) de Curitiba, 1985

Diferentes formas de Cruzes:

1. Cruz grega ou cósmica
2. Cruz latina ou dolorosa
3. Cruz de Santo Antão ou egípcia ou em Tau
4. Cruz de São Pedro
5. Cruz de Santo André
6. Cruz forquilhada ou do ladrão
7. Cruz em âncora
8. Cruz dupla ou roda do sol
9. Cruz Ansiática
10. Cruz apostólica ou do cardeal ou dos patriarcas ou de Lorena
11. Cruz de Lotaringo
12. Cruz papal
13. Cruz suástica
14. Cruz russo-bizantina
15. Cruz repetida
16. Cruz potenciada
17. Cruz de Jerusalém
18. Cruz em flor
19. Cruz de Malta
20. Cruz copta

19 – Diferentes formas de cruzes

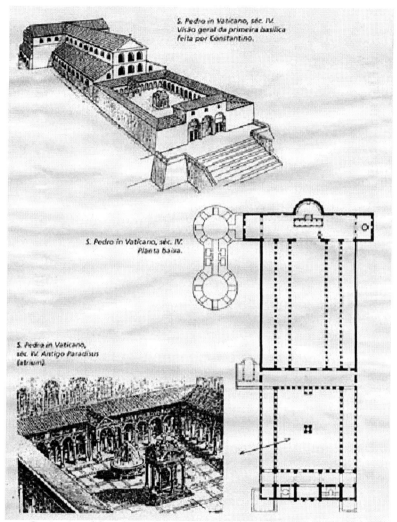

20 – O primeiro edifício da Basílica de São Pedro Basílica, no Vaticano, século IV

21 – Ícone de Jesus Pantocrator de Santa Catarina do Sinai, século VI

22 – Sagrada Face de Edessa – Ano 28 d.C. Atualmente está na Igreja de São Bartolomeu dos Armênios em Gênova (Itália)

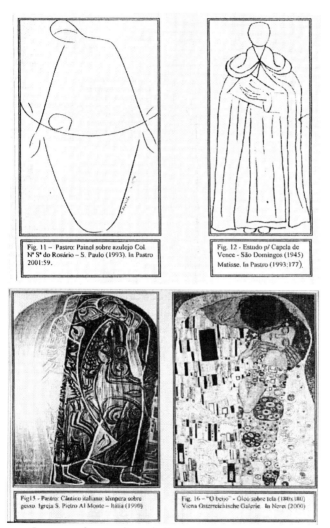

23 – Correspondências dos trabalhos de artistas da Vanguarda das Artes e Claudio Pastro

24 – Basílica em estilo românico de Santa Maria Assunta, 639 d.C., Ilha de Torcello – Veneza (Itália)

25 – Igreja do Espírito Santo do Cerrado, 1981 – Projeto da arquiteta Lina Bo Bardi

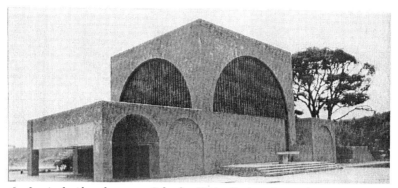

26 – Igreja de Alagados, 1979, Salvador (BA) – Projeto do arquiteto João Filgueiras Lima ("Lelé")

27 – Capela do Mosteiro Nossa Senhora da Paz, 1984, Itapecerica da Serra (SP)

27b – Capela de Nossa Senhora da Paz, 2008, Itapecirica da Serra (SP), após reforma conduzida por Claudio Pastro

28 – Capela do Seminário Diocesano, 1988, Manaus (AM)

29 – Catedral de Santa Ana, 1988, Itapeva (SP) – Presbitério antes e depois da reforma

30 – Catedral de Santa Ana, 1988, Itapeva (SP) – Presbitério antes e depois da reforma

31 – Catedral de Santa Ana, 1988, Itapeva (SP) –
Presbitério antes e depois da reforma

32 – Capela da Comunidade de Taizé, 1992, Alagoinhas (BA)

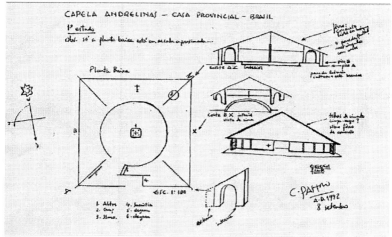

33 – Capela da Casa Provincial das Irmãs de Santo André, 1994, São Paulo (SP). Vista e planta

34 – Capela da Instituição Adveniat, 1995, Essen (Alemanha)

35 – Capela Cristo Rei da Fazenda Santa Fé, 1998, São Manuel (SP)

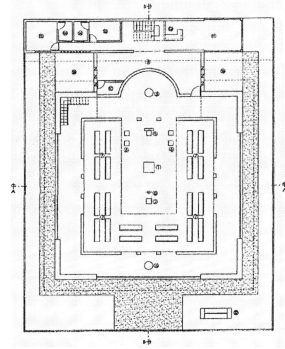

36 – Santuário da Vida, 2000, São José do Rio Preto (SP)

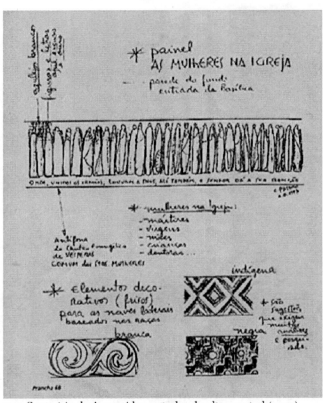

37 – Santuário de Aparecida – estudos do altar central (2003)

38 – Santuário de Aparecida, 2005, Altar central

Créditos das imagens

Figura 1: <http://aisha-seheekim.blogspot.com.br/2011/08/grande-
-mosque-de-dakar.html>

Figuras 2 e 3: <http://www.cuaad.udg.mx/egresados-gabriel-cha-
vez-galeria.php>

Figura 4: <http://thewindowshowsitall.blogspot.com.br/2009/02/
beuron-salve-reginafebruary-1.html>

Figura 5: <http://commons.wikimedia.org/wiki/File:Beuron_
Gnadenkapelle_Gnadenbild_und_Apsis.jpg>

Figura 6: <http://www.basilicata.cc/artistilucani/gruppo21/
page2.htm>

Figura 7: <http://digilander.libero.it/santipatroni/chiesa.html>

Figuras 8 e 9: <http://www.glasmalerei-ev.de/pages/b1656/b1656.
shtml>

Figura 10: PASTRO, Claudio. *Arte Sacra*. São Paulo: Paulinas, 2001,
p. 218

Figura 11: *Monte San Pietro Memorie storiche e notizie sugli ultimi vent'anni de Raimondo Rossi e Gaetano Fermani*. Urbino:
Arto Grafiche Stibu di Urbania, 1991, p. 54, 55 e 57. Fotógrafo: Enrico Cattanero

Figura 12: PASTRO, Claudio. *Arte sacra: o espaço sagrado hoje*. São
Paulo: Loyola, 1993, p. 278

Figura 13: PASTRO, Claudio. *Arte sacra: o espaço sagrado hoje*. São
Paulo: Loyola, 1993, p. 281

Figura 14: <http://de.wikipedia.org/wiki/Datei:Notre_Dame_du_Haut(ws).jpg>

Figura 15: <http://en.wikipedia.org/wiki/File:Cathedral_Brasilia_Niemeyer.JPG>.

Figura 16: GHARIB, Georges. *Os Ícones de Cristo – história e culto.* São Paulo: Paulus, 1997, p. 243

Figura 17: PASTRO, Claudio. *Arte Sacra.* São Paulo: Paulinas, 2001, p. 171. Fotógrafo: Vanderley Franco Junior

Figura 18: PASTRO, Claudio. *Arte Sacra.* São Paulo: Paulinas, 2001, p. 66. Fotógrafo: Vanderley Franco Junior

Figura 19: PASTRO, Claudio. *Arte sacra: o espaço sagrado hoje.* São Paulo: Loyola, 1993, p. 194

Figura 20: ROBERTSON, D. S. *Arquitetura Grega e Romana.* São Paulo: Perspectiva, 1997, p. 54

Figura 21: PASTRO, Claudio. *Guia do Espaço Sagrado.* São Paulo: Loyola, 1999, p. 91

Figura 22: PASTRO, Claudio. *A Arte no Cristianismo.* São Paulo: Paulus, 2010, p. 196

Figura 23: RIGO, Rosalva Trevisan. *A importância da Iconografia Cristã na Obra de Claudio Pastro.* Dissertação de especialização no Ensino da Arte, Fundamentos Artísticos, Estéticos e Metodológicos da Pró-reitoria de Pós-Graduação e Pesquisa da Universidade de Caxias do Sul, 2001, p. 45

202 CÉSAR AUGUSTO SARTORELLI

Figura 24: GHARIB, Georges. *Os Ícones de Cristo – história e culto.* São Paulo: Paulus, 1997, p. 75

Figuras 25 e 26: *Revista Projeto*, dez. 1989

Figura 27: PASTRO, Claudio. *Arte Sacra.* São Paulo: Paulinas, 2001, p. 116. Fotógrafo: Vanderley Franco Junior (1985)/ Fotógrafo: José Roberto Kerr (2008)

Figura 28: PASTRO, Claudio. *Arte Sacra.* São Paulo: Paulinas, 2001, p. 234. Fotógrafo: Vanderley Franco Junior

Figuras 29, 30 e 31: PASTRO, Claudio Pastro. *Itapeva, um tesouro em vaso de barro.* Jundiai: Casa São Lucas, 1992. Fotógrafo: Vanderley Franco (fotos de 1992) e Casa São Lucas (anteriores)

Figura 32: PASTRO, Claudio. *Arte Sacra.* São Paulo: Paulinas, 2001, p. 25. Fotógrafo: Vanderley Franco Junior

Figura 33: PASTRO, Claudio. *Arte Sacra.* São Paulo: Paulinas, 2001, p. 116 (vista geral). Fotógrafo: Vanderley Franco Junior; PASTRO, Claudio. *Guia do Espaço Sagrado.* São Paulo: Loyola, 1999, p. 118 (planta)

Figura 34: PASTRO, Claudio. *Arte Sacra.* São Paulo: Paulinas, 2001, p. 291. Fotógrafo: Vanderley Franco Junior

Figura 35 PASTRO, Claudio. *Arte Sacra.* São Paulo: Paulinas, 2001, p. 260. Fotógrafo: Vanderley Franco Junior

Figura 36: PASTRO, Claudio. *Arte Sacra.* São Paulo: Paulinas, 2001, p. 279. Fotógrafo: Vanderley Franco Junior

Apêndice

Cronologia de trabalhos

Claudio Pastro como artista plástico

Claudio Pastro realizou 9 exposições no Brasil e 21 fora do Brasil, até 2001, em sua maioria na Europa, tendo sido 9 na Itália, 6 na Alemanha, 2 na Argentina, 1 na Áustria, 1 na França,1 na Suíça e 1 na Bélgica. (Ver mapa 1 e 2 anexos).

Exposições de Artes Plásticas individuais

1975 - Pintura - Salão da Pontifícia Universidade Católica - São Paulo (Brasil).

1976 - Serigrafia - Associação Feminina de Mulheres de Empresas - Buenos Aires (Argentina).

1976 - Pintura - Galeria de Arte Libreria T.P. - Bolonha (Itália).

1977 - Pintura e Serigrafia - Galeria Europa de Salsomaggiore - Parma (Itália).

1978 - Exposição antológica de cem obras de arte (pintura, cerâmica, tapeçaria e serigrafia) - Palazzo delle Manifestazione de Salsomaggiore - Parma (Itália); Evangeliche Hochschulgemeinde

- Graz (Aústria); Livraria Pustet - Regensburg (Alemanha) e Galleria d' Arte Casa do Brasil na Embaixada do Brasil em Roma (1979). Já foi concebida para realizar itinerância, porque haviam vários convites prévios de instituições, com patrocínio de uma editora.

1978 - Pintura - Accademia Internazionale Michelangelo - Forli (Itália).

1978 - Pintura - Galeria da Escola Superior de Arte Santa Marcelina - São Paulo (Brasil).

1980 - Pintura ilustrando o Evangelho de São Marcos na Galeria Itaú - Brasília - (Brasil).

1980 - Pintura - Instituto San Felipe Neri - Buenos Aires (Argentina).

1986 - Ilustração - 6 guaches (têmpera sobre papel) - sobre o Cântico dos Cânticos a convite da Revista *Panorama* - Paris (França).

1986 - Ilustração - 15 painéis (pigmento terra sobre duratex) - sobre o Cântico dos Cânticos na Casa Cultura e Fé - São Paulo (Brasil).

1987 - Pintura sobre Cânhamo (12 ilustrações do "Nican Mopohva"), Pintura sobre linhão (12 "Parábolas") e Guache sobre papel (25 "Cântico dos Cânticos) - Adveniat Bischofliche Aktion - Essen (Alemanha).

1988 - 37 obras sacras (pintura sobre lonita e papel) - sobre parábolas - Museu de Arte Sacra - Paderborn (Alemanha). Obs: A Associação Adveniat adquiriu-as posteriormente.

1990 - Pintura (30 guaches), serigrafia (05) e uma "Via-Sacra" - Galleria della Comune - Fermo (Itália).

O ESPAÇO SAGRADO E O RELIGIOSO NA OBRA DE CLAUDIO PASTRO 207

1990 - Painel (sobre tecido, 8 metros quadrados) "A Evangelização na América Latina", para o Katholikentag, a convite da Adveniat - Berlim (Alemanha).

1991 - Pintura (12, sobre tecido) do ciclo "Parábolas", na Bildungshaus Kloster - Schontal (Alemanha).

1994 - Pintura (têmpera sobre duratex) na Galeria de Arte do Banespa (onde hoje é a sede da Prefeitura Municipal de São Paulo) - São Paulo (Brasil).

1994 - Exposição de Arte Sacra (com curso conjuntamente) na Unesp - Bauru (Brasil).

1997 - Pintura - Sala Mário Pedrosa da Secretaria Municipal de Cultura - São Paulo (Brasil).

1999 - Incisão (42, sobre aço escovado) de 42 "Parábolas do Evangelho" na Galeria Korn Haus - Weingarten (Alemanha).

Coletivas

1977 - Cerâmica Galeria L'Agrifolio - Milão (Itália)

1978 - XXVI Concurso de Pinturas de Marina - Ravenna (Itália).

1980 - Pintura (guache), representando o Gênesis, como artista convidado para o Meeting Internacional de Rimini (Itália),

1980 - Pintura e escultura (cerâmica) - Concurso Internacional para Artistas Contemporâneos sobre o tema: esculturas e, ou pinturas representando São Bento, no Sesquimilenário do Nascimento de São Bento - Bruxelas (Bélgica). Prêmio Aquisição pelo Mosteiro Beneditino de Rixensart.

CÉSAR AUGUSTO SARTORELLI

1984 - Pinturas (pigmentos, água e cola) - I Encontro de Arte Contemporânea da Cantareira na Lutherhaus - São Paulo (Brasil).

Cronologia como artista gráfico

1976 - reproduções em cerâmica pela Santerno Artes - Ímola (It·lia).

1980 - cartões-postais para a Ação Comunitária do Brasil - São Paulo (Brasil).

1980 - ilustração (40 guaches) do *Livro segundo dos diálogos de São Gregório Magno*, publicado em seis idiomas pela editora Friedrich Pustet - Regensburg (Alemanha).

1981 - ilustração (40 guaches) do livro comemorativo do sétimo centenário da morte de santo Antônio, Edizioni Messagero - Pádua (Itália).

1985 - cartões-postais para o Colégio Stella Maris, Faculdade de Enfermagem São Camilo, Colégio Santa Escolástica e Mosteiro Nossa Senhora de Paz - São Paulo.

1985 - calendário litúrgico para 1986, editora Loyola - São Paulo.

1985 - ilustração do livro *Fontes bíblicas e eclesiais do batismo*, de Jomar Vigneron.

1988 - calendário de arte Missio 89, pela Missio Aktuellverlag, Aachen (Alemanha).

1988 - ilustração do livro *Die Botschaf Von Guadalupe*, editora Bonifatius - Fulda (Alemanha) e editora Thomas Plöger - Pladerborn (Alemanha).

1989 - cartões de Natal para Christian Aid - Londres (Inglaterra).

1990 - ilustração da capa da *Bíblia Sagrada: edição pastoral*, editora Paulus - São Paulo.

1990 - cartões-postais com o tema "A Evangelização no Brasil" (reproduções do painel confeccionado em Itaici), editora Loyola - São Paulo.

1994 - capa do CD "Messias" de Haendel - Orquestra e Coral da Prefeitura de Santo André.

1997 - ilustração do livro da missa de abertura do Sínodo das Américas (16/11/1997) - Vaticano.

1999 - agenda litúrgica de 2000, para as Irmãs do Apostolado Litúrgico - São Paulo.

1999 - ilustração do"Rito do Batismo", "Rito de Penitência" e "Rito da Unção dos Enfermos", para as editoras Paulus, Paulinas, Loyola e Ave Maria

1999 - capa da *Bíblia do Peregrino*, editora Paulus - São Paulo.

1999 - cartaz "Brasil, 500 anos de fé" para as comemorações dos 500 anos de Brasil pela CNBB.

Cronologia como arquiteto vernacular

1980-82 - painel (pintura) "A História da Salvação" (150 m2 de mural, à base de tinta sintética) - igreja São Bento do Morumbi, dos monges beneditinos húngaros - São Paulo.

1980-84 - igreja abacial do Mosteiro Nossa Senhora da Paz (monjas beneditinas) - (altar, ambão, tabernáculo, crucifixo e painéis:

210   CÉSAR AUGUSTO SARTORELLI

"Apocalipse", "Raboni!" e "São Bento e Santa Escolástica") - Itapecirica da Serra - SP.

1981 - pintura de ícones (Pantocrator e santo André)- Igreja do Mosteiro de Saint-André de Ottignies - Bélgica.

1982 - sacrário, candelabros, ambão da Palavra e pintura do ícone do Mosteiro do Encontro (monjas beneditinas) - Curitiba - PR.

1982 - pintura do painel "As Curas de Jesus" (pigmentos sobre reboco com 2,40 m x 8 m) - capela do Hospital dos Camilianos - bairro de Santana - São Paulo.

1983 - pintura do ícone de São Maximiliano Kolbe - igreja de São Francisco de Crateús - Ceará.

1983 - igreja das Irmãs Divinas da Divina Providência (altar, ambão, tabernáculo, crucifixo e "Mãe de Deus") - Florianópolis - SC.

1984 - crucifixo e objetos (cerâmica) - capela de Retiros das Irmãs de Notre Dame - Passo Fundo - RS.

1984 - dois painéis (2,40 x 2,50 m cada) e crucifixo - capela Mosteiro Rainha da Paz (monjas dominicanas) - Poços de Caldas - MG.

1984 – (Projeto arquitetônico) Capela da Pontifícia Universidade Católica - Belo Horizonte - MG.

1984 - capela da Faculdade de Nutrição e Enfermagem São Camilo (altar, sacrário, lâmpada do Santíssimo e painéis "A Multiplicação dos Pães" e "Mãe da Luz", com 2,40 m x 3 m cada) - bairro do Ipiranga - São Paulo.

1984 - capela do Colégio Stella Maris das Irmãs Franciscanas de Bonlanden (altar, sacrário, crucifixo, ambão da Palavra e painéis

"Virgem Maria do Apocalipse" e "São Francisco e Santa Clara", com 3 x 5 m cada) - São Paulo.

1984 - capela do Noviciado dos Camilianos (altar, crucifixo, sacrário e painel com 2,50 x 4 m) - Cotia - SP.

1984-85 - igreja do Instituto Santa Escolástica das Irmãs Missionárias Beneditinas de Tutzing (reforma do presbitério: altar, ambão, tabernáculo, crucifixo e painéis) - Sorocaba - SP.

1985 - (Projeto arquitetônico e execução da reforma) - igreja do Mosteiro da Visitação e elaboração do crucifixo em bronze - São Paulo.

1985 - igreja do Mosteiro de Santa Cruz das Monjas Beneditinas (altar, ambão e painel) - Juiz de Fora - MG.

1985 - capela da Pontifícia Universidade Católica do Paraná (altar, ambão, tabernáculo, crucifixo, painel) - Curitiba - PR.

1985 - (Projeto arquitetônico e execução) capela do Seminário Provincial do Coração Eucarístico (altar, ambão da Palavra, crucifixo e painel com 2,40 x 6 m) - Belo Horizonte - MG.

1985 - (Projeto arquitetônico e execução) capela de Santo Andreas Kim das Irmãs Beneditinas Coreanas (altar, crucifixo, sacrário e "Nossa Senhora" em cerâmica) - bairro do Ipiranga - São Paulo.

1985 - capela do Colégio da Casa de Retiros Assunção (crucifixo e Nossa Senhora (2,50 m de altura, em cobre batido, altar de granito e sacrário) - Brasília - DF.

1985 - capela do Seminário de Teologia dos Camilianos (altar, crucifixo, sacrário, e dois grandes murais: "A Vida de São Camilo", com três painéis de 2,20 m x 4 m cada, e os "Capítulos

212 CÉSAR AUGUSTO SARTORELLI

3 e 4 do Evangelho de São João", com painel de 5 x 12 m) - bairro do Ipiranga - São Paulo.

1985-86 - capela do Seminário de Teologia dos Padres Palotinos (sacrário, crucifixo e painel "O Espírito Santo e a Mãe de Deus", com 2 x 2 m) - Curitiba- PR.

1986 - Abadia Nuestra Señora de Guadalupe (cruz processional) - Tepeyac - México.

1986 - Associação Brasileira de Educação e Cultura (Casa Provincial dos Maristas) - painel de 4 x 4 m - bairro do Cambuci - São Paulo.

1986 - (Projeto arquitetônico e execução) capela da hospedaria do Mosteiro de Santa Cruz (monges beneditinos) - Brasília - DF.

1986 - (Projeto arquitetônico e execução) igreja abacial do Mosteiro da Virgem (monjas beneditinas) - (altar, ambão, crucifixo, Mãe de Deus, vitral e painéis) - Petrópolis - RJ.

1986-88 - santuário da Serra da Piedade (mil metros quadrados do evangelho de São Lucas pintados em azulejos) - Caeté - MG.

1986-88 - (Projeto arquitetônico e execução) capela do Seminário Diocesano de Manaus (crucifixo, sacrário, lâmpada do Santíssimo e painéis em toda capela, cada qual com 6 x 20 m) - Manaus - AM.

1986-88 - (Projeto arquitetônico e execução) catedral de Sant'Ana (reforma, adaptação e restauração) - Itapeva - SP.

1987 - (Reforma) Casa Provincial das Irmãs Franciscanas de Bonlanden (altar, sacrário e vitrais) - Itapecirica da Serra - SP.

1987 - (Reforma e revitalização) do presbitério e da capela do Santíssimo da paróquia São Pedro Apóstolo (dois painéis: "O

Primado de Pedro", 6 x 10 m e "Os Discípulos de Emaus", 3 x 4 m) - Guarulhos - SP.

1987-88 - (Arquitetura de interiores) da Casa de Retiro das Irmãs de Santo André (altar, ambão, vitrais, crucifixo, menorá, sacrário e dois painéis: "Santíssima Trindade", 2,40 x 5 m e "Primeiro Livro de Samuel", 2,40 x 3 m) - Rondinha - PR.

1987-88 - igreja do Mosteiro de Nossa Senhora de Guadalupe, das Clarissas (altar, ambão, tabernáculo e painel) - Caicó - RN.

1987-88 - igreja da paróquia São José Operário (altar, ambão, crucifixo e capela do Santíssimo) - Guarulhos - SP.

1987-88 - (Arquitetura de interiores) da Catedral do Espírito Santo (altar, ambão, cátedra, crucifixo, batistério, tabernáculo e 3 afrescos) - Jataí - GO.

1988 - Casa Provincial das Irmãs Franciscanas de Bonlanden (pintura do painel com "São Francisco, Imaculada Conceição, Padre Faustino Menel e crucifixo de São Damião", 2,40 x 4 m) - Itapecirica da Serra - SP.

1988 - Catedral de Nossa Senhora da Apresentação (altar, ambão, batistério, cátedra, baldaquino e vitral) - Natal - RN.

1989 - capela da Casa Provincial das Beneditinas de Tutzing (vitrais rosáceos: "Sarça Ardente" e "Espírito Santo") - Sorocaba - SP.

1989 - (Reforma e restauração) igreja Cristo Rei e (Projeto arquitetônico e execução) capela do Santíssimo - bairro do Tatuapé - SP.

1989 - Catedral de São Mateus (altar, ambão, cátedra, crucifixo, tabernáculo e três painéis: "Apocalipse", "A Vida do Evangelista Mateus" e "A Vida de São Benedito") - São Mateus - ES.

214 CÉSAR AUGUSTO SARTORELLI

1989 - capela da Transfiguração do Mosteiro Camaldulense (altar, ambão, crucifixo, tabernáculo e dois painéis em têmpera) - Mogi das Cruzes - SP.

1989 - capela da Casa de Retiros Emaus das Irmãs Franciscanas de Bonlanden (altar, ambão, crucifixo, tabernáculo e pintura em têmpera) - Itapecirica da Serra - SP.

1990 - 30. lugar no Concurso Nacional Italiano de Projetos para Igrejas, realizado pelo Comitato Nuove Chiese da Diocese de Milão (Itália), com o projeto arquitetónico para a Igreja Santo Irineu, realizado em parceria com os arquitetos italianos Andrea Coscia e Sauro Censi.

1990 - (Projeto arquitetônico e execuçãoda reforma) Catedral de São Miguel Paulista - São Paulo.

1990 - Casa de Retiros da Vila Kostka (jesuítas) - Itaici - Indaiatuba - SP:

- painel "A Evangelização no Brasil" (20 metros quadrados), para o auditório Rainha dos Apóstolos;

- capela da Mãe de Deus (altar, ambão, crucifixo, tabernáculo e ícone da Mãe de Deus);

- (Projeto arquitetônico e execução) capela da Santíssima Trindade - (altar, ambão, tabernáculo, menorá e 2 afrescos),

1990 - igreja do Mosteiro da Mãe de Deus (monjas beneditinas), (altar, ambão, tabernáculo e painéis) - Santa Rosa - RS.

1990 - igreja do mosteiro de São Bento (altar, ambão, crucifixo, tabernáculo, vitrais e painel) - Garanhuns - PE.

O ESPAÇO SAGRADO E O RELIGIOSO NA OBRA DE CLAUDIO PASTRO 215

1991 - igreja de Monte San Pietro (crucifixo, painéis e tampa da pia batismal) - Urbania (Itália).

1991 - Casa de Retiros Padre Anchieta (jesuítas), (altar, ambão, tabernáculo, vitrais e dois painéis em afresco) - bairro da Gávea - Rio de janeiro - RJ.

1991 - Catedral de Nossa Senhora da Apresentação - (Projeto arquitetônico e execução) capela do Santíssimo - Natal - RN.

1991 - Catedral de Nossa Senhora do Perpétuo Socorro (Projeto arquitetônico e execução: altar, ambão, tabernáculo e painéis) - Barreiras - BA.

1992 - capela da Casa Provincial dos Irmãos Maristas (altar, crucifixo, vitrais e afresco) - bairro do Cambuci - São Paulo.

1992 - capela da Casa de Retiros dos Irmãos Maristas (altar, cruz processional, vitrais e afrescos) - Campinas - SP.

1992 - capela do Colégio das Irmãs de Santo André (reforma total: vitrais, afrescos, presbitério e cruz processional) - São José do Rio Preto - SP.

1992-93 - igreja do Colégio das Irmãs de Santo André (reforma total: vitrais, afrescos e presbitério) - Jaboticabal - SP.

1992-94 - (Projeto arquitetônico) igreja e do Mosteiro da Virgem de Guadalupe (monjas beneditinas) (projeto, afresco, presbitério e crucifixo) - São Mateus - ES.

1993 - capela do Colégio Nossa Senhora do Rosário das Irmãs Dominicanas de Monteuil (vitrais, presbitério, cruz processional e afrescos) - São Paulo.

216 CÉSAR AUGUSTO SARTORELLI

1993 - Mosteiro Beneditino (afresco na sala capitular "A História do Monaquismo Português") - Singenerva - Portugal.

1993 - capela do arcebispado (vitrais, Via Sacra e tabernáculo) - Fermo - Itália.

1993 – (Projeto arquitetônico) capela do Colégio Nossa Senhora do Rosário das Irmãs Beneditinas de Tutzing (afrescos e presbitério) - Cunha - SP.

1993 - capela de São José do Mosteiro Beneditino - Itapecirica da Serra - SP.

1993 - (Projeto) capela da loja do Apostolado Litúrgico das Irmãs Discípulas do Divino Mestre (painel "Cristo Mestre") - São Paulo.

1993-95 - (Reforma) igreja paroquial da Imaculada Conceição (presbitério, vitrais, afrescos e capela do Santíssimo) - Morungaba - SP.

1994 - igreja paroquial São José Operário (presbitério e afrescos) - Jundiaí - SP.

1994 - (Projeto arquitetônico e de interiores) capela da Casa Provincial das Irmãs de Santo André - bairro da Pompéia - SP.

1994 - (Projeto arquitetônico de reforma do interior) Colégio Santo Américo (esculturas, painéis, ambientação do teatro, portaria, salas e capela) - bairro do Morumbi - São Paulo.

1994 - igreja paroquial Santos Pedro e Paulo (afrescos do batistério) - Curitiba - PR.

1994-95 - (Reforma) Catedral de Uberlândia (presbitério, batistério, afresco e capela do Santíssimo) - MG.

1995 - (Projeto) para capela da Casa provincial das Irmãs Azuis - São Paulo.

1995 - capela do Colégio dos Jesuítas (presbitério e afresco) - Santa Rita do Sapucaí - SP.

1995 - capela da Parmalat (vitrais da Via Sacra) - Jundiaí - SP.

1995 - igreja paroquial da Imaculada Conceição (painéis do presbitério) - bairro do Tatuapé - São Paulo.

1995 - (Projeto) capela da nova Casa Provincial das Irmãs Franciscanas de Boulanden - São Paulo.

1995 - Casa Frau Elizabeth Prégardier (painel "O Gênesis") - Oberhausen (Alemanha).

1995 - capela da Casa da Paz do Colégio de Sion (painel "Nossa Senhora de Sion") - Curitiba - PR.

1995 - (Projeto arquitetônico) capela da Instituição Adveniat (painel sobre tecido, altar, tabernáculo e cruz peitoral) - Essen - Alemanha.

1995 - (Projeto) capela da Casa de Formação das Irmãs Franciscanas de Bonlanden (painel "A Samaritana") - Itapecirica da Serra - SP.

1995-96 - (Reforma arquitetônica) igreja matriz de Itapecirica da Serra Nossa Senhora dos Prazeres (presbitério, capela do Santíssimo, restauração da imagem de Nossa dos Prazeres do séc. XVI, afresco) - SP

1995-96 - igreja paroquial São Judas Tadeu (vitrais, capela do Santíssimo, presbitério, afresco) - São José dos Campos - SP.

218 CÉSAR AUGUSTO SARTORELLI

1995-96 - Colégio Nossa Senhora do Rosário das Irmãs Dominicanas de Monteuil (painéis em cerâmica externos e internos em três das fachadas) - São Paulo.

1995-97 - (Projeto arquitetônico) igreja da Casa Provincial das Irmãs de Santa Catarina (vitrais, presbitério, capela do Santíssimo e afrescos) - Petrópolis - RJ.

1995-97 - igreja paroquial de São Judas Tadeu (presbitério e afresco) - Guarulhos - SP.

1996 - (Projeto arquitetônico) da capela do Colégio Sion (tapeçarias e novo painel da fachada em azulejos, 12 x 5 m) - Curitiba - PR.

1996 - (Projeto arquitetônico) capela do Anchietanum (jesuíta) (afrescos) - bairro do Sumaré - São Paulo.

1996 - (Projeto arquitetônico) capela do Seminário Teológico dos Padres Somascos (painéis, altar e tabernáculo) - Campinas - SP.

1996 - igreja paroquial Nossa Senhora Mãe de Deus (afrescos, presbitério, tabernáculo e cruz processional) - bairro da Freguesia do Ó - São Paulo.

1996 - igreja paroquial São Judas Tadeu de Vila Miriam (vitrais, capela do Santíssimo, presbitério e afrescos) - bairro de Pirituba - São Paulo.

1996 - capela do Santíssimo da Paróquia de São Pedro Apóstolo (presbitério) - bairro Vila Oratório - São Paulo.

1996-97 - (Reforma arquitetônica) Colégio João XXIII (painéis em azulejos) - bairro da Vila Prudente - São Paulo.

O ESPAÇO SAGRADO E O RELIGIOSO NA OBRA DE CLAUDIO PASTRO 219

1997 - (Projeto arquitetônico) igreja da Santíssima Trindade do Convento Madre Regina das Irmãs de Santa Catarina (painéis, altar e tabernáculo) - Petrópolis - RJ.

1997 - (Projeto) capela do Seminário Maior de Filosofia e Teologia da diocese de Campo Limpo - São Paulo.

1997 - Catedral da Sagrada Família de Campo Limpo (painéis central e lateral, 16 x 3,30 m) - São Paulo.

1997 - capela do Brasil da Basílica de Santa Terezinha do Menino Jesus (altar e painel em mármore) - Lisieux - França.

1997 - igreja do Apóstolo Diogo Maior (painel e presbitério) - bairro de Cajazeiras - Salvador - BA.

1997 - igreja do Sagrado Coração de Jesus (painel e presbitério) - bairro de Cajazeiras - Salvador - BA.

1997 - igreja Conversão de São Paulo (painel e presbitério) - bairro de Cajazeiras - Salvador - BA.

1997 - Editora Loyola - painéis "Arcanjo Gabriel", "Cristo entre Pedro e Paulo" e "Anchieta" - São Paulo.

1997 - igreja Nossa Senhora da Esperança (painel central, presbitério, vitral do cordeiro pascal e afresco) - bairro de Interlagos - São Paulo.

1997 - igreja paroquial de São Judas Tadeu (interior e painéis) - Guarulhos - SP.

1997 - Provincialado das Ursulinas da União Romana (painel sobre lonita, 1,60 x 2,50 m) - Cotia - SP.

1997 - Casa de Retiros do Convento Maria Imaculada das Franciscanas de Bonlanden (painel Emaus) - Embu - SP.

220 CÉSAR AUGUSTO SARTORELLI

1997 - colégio Nossa Senhora Menina (painel sobre lonita, 1,60 x 2 m) - bairro de Vila Oratório - São Paulo.

1997 - Círculo dos Trabalhadores Cristãos de Vila Prudente (painel em azulejos, 4 x 4 m) - São Paulo.

1998 – (Reforma) igreja paroquial de Santo Emídio (presbitério e painel central) - bairro de Vila Prudente - São Paulo.

1998 - (Projeto arquitetônico) da nova capela da CNBB - Brasília - DF.

1998 – (Reforma de peças do presbitério: altar, ambão e crucifixo) e elaboração de painel do presbitério na capela da Pontifícia Universidade Católica do Paraná - Curitiba - PR.

1998 - igreja São João Batista (presbitério e pinturas) - bairro de Campo Limpo - São Paulo.

1998 - (Projeto arquitetônico) capela Cristo Rei da fazenda Santa Fé Agroindustrial - São Manuel - SP.

1998 - (Interior) da capela da Casa dos Sofredores da Rua da Arquidiocese - São Paulo.

1998 - (Interior) da igreja do Mosteiro Beneditino da Transfiguração – (projeto arquitetônico de Ubiratã Almeida) - Santa Rosa - RS.

1998 - capela do Mosteiro Cristo Rei das Monjas Dominicanas (crucifixo, tabernáculo e presbitério) - São Roque - SP.

1998 - capela do Colégio Marista São José (crucifixo, tabernáculo e painéis) - Rio de Janeiro - RJ.

1998 - (Reforma arquitetônica integral) igreja matriz de Rio das Pedras (painéis, vitrais, crucifixo e presbitério) - SP.

1998 - igreja São Mateus (painel e interiores) - bairro de São Mateus - São Paulo.

1998 - capela do Colégio Marista de Maceió (presbitério, painéis e vitrais) - AL.

1998-2000 - (Projeto arquitetônico e reforma de interiores) igreja paroquial de Santa Marina dos Padres Palotinos (peças do presbitério e afrescos) - São Paulo.

1999 - capela do colégio Marista de Taguatinga (interior e afresco) - Brasília - DF.

1999 - igreja paroquial de São José do Mandaqui (painéis e afrescos) - São Paulo.

1999 - elementos arquitetônicos e de ambientação para a nova capela da Casa Provincial das Irmãs Maristas (painéis em metal inciso, vitrais e peças litúrgicas) - São Paulo.

1999 – (Projeto arquitetônico e execução) capela da Casa de Formação das Irmãs Servas da Caridade - Morungaba - SP.

1999 - (Projeto arquitetônico e execução) capela da Casa das Irmãs de Santo André (arquitetura de interior e afrescos) - São João da Boa Vista - SP.

1999 - (Projeto arquitetônico e execução) oratório do pensionato Santo André (arquitetura de interior e afrescos) - bairro da Pompéia - São Paulo.

222 CÉSAR AUGUSTO SARTORELLI

1999-2000 - (Projeto arquitetônico e execução com colaboração da arquiteta Irmã Laíde Sonda) Santuário da Vida "Rede Vida de Televisão" - São José do Rio Preto - SP.

2000 - Parceria com o arquiteto Ivanir Abreu no projeto da capela do Bom Pastor das Irmãs Pastorinhas - São Paulo.

2000 – (Projeto de arquitetura e interiores) capela e da creche do colégio Santo André - São José do Rio Preto - SP.

2000 – (Arquitetura de interiores) paróquia de São Judas Tadeu - bairro do Itaim Paulista - São Paulo.

2000 – (Projeto de arquitetura)capela da Liga das Senhoras Católicas do Lar Sant' Ana - São Paulo.

2001 - igreja Nossa Senhora do Perpétuo Socorro e São José (afresco Cristo Pantocrator "Magestas Domini") - bairro de Cidade Nova - Jundiaí (SP)

2003 até hoje (em andamento) - Finalização da Basílica de Aparecida do Norte– Aparecida do Norte (SP)

2004 - Neste ano por motivos de saúde Claudio Pastro apenas deu continuidade a trabalhos anteriores.

2005 - (Projeto de arquitetura) capela do Mosteiro Cirtescense - Leipzig - Alemanha.

2005 - Afresco no hall de entrada do Museu dos Presépios - Bonladen - Alemanha.

2005 - Afrescos (3 painéis) na igreja do Mosteiro Cistercense – Roma - Itália.

O ESPAÇO SAGRADO E O RELIGIOSO NA OBRA DE CLAUDIO PASTRO   223

2005 - Vitrais do Real Monastério de San Pelayo – Oviedo – Espanha.

2005 - Projeto de igreja – Roriz – Portugal.

2005/2006 - Capela do Museu do Presépio de Bonlanden - Alemanha

2008 - Presbitério da Catedral da Sé – São Paulo (SP)

2008 - Capela do Mosteiro beneditino de São Geraldo – São Paulo (SP)

2008/2009 - Vitrais do Mosteiro Beneditino do Principado das Astúrias – Orviedo - Espanha

2009 - Presbitério da Igreja do Pátio do Colégio – São Paulo (SP)

2009 - Capela da Editora Paulinas – São Paulo (SP)

2009 - Capela da Casa Caminho de Amaus – Goiânia (GO)

2009/2010 - Capela no Centro Universitário Claretiano– Batatais (SP)

2010 - inteiror da Matriz de Brusque

2011 - Presbitério da Igreja da Coroação de Jesus – Florianópolis (SC)

2011 - Presbitério da Igreja do Divino Espirito Santo – Santiago – Chile

2011 - Capela da Casa Generalizia dei Padre Assunzionisti – Roma – Itália

2011 - Vitral na Capela de Helfta – Eisleben - Alemanha

Esta obra foi impressa em São Paulo
pela Renovagraf no outono de 2016. No
texto foi utilizada a fonte Electra LH,
em corpo 11 e entrelinha de 16 pontos.